KATHA STROFE

# Leaks aus dem
# Lehrerzimmer

MEIN JAHR ALS LEHRERIN
AN DER GRUNDSCHULE DES GRAUENS



SCHWARZKOPF & SCHWARZKOPF

# INHALT

**Was Sie erst noch wissen müssen** .......................... 7

Kapitel 1: **Frischer Wind mit Zucker und Zimt** ........... 9

Kapitel 2: **Himmel und Hölle** .......................... 33

Kapitel 3: **Mit dem Teufel auf der Toilette** ............ 57

Kapitel 4: **Unterricht auf Leben und Tod** ............... 75

Kapitel 5: **Wandern und Wundern** ...................... 93

Kapitel 6: **Im Regen stehen** .......................... 103

Kapitel 7: **Stinkender Fischkopf zu Weihnachten** ....... 121

Kapitel 8: **Problemschüler-Poker** ..................... 137

Kapitel 9: **Einbildung statt Ausbildung** ............... 157

Kapitel 10: **Opis Weltbild** ........................... 175

Kapitel 11: **Quere Einsteiger und gerade Aussteiger** .... 195

Kapitel 12: **Und wie geht die Geschichte weiter?** ....... 205

# WAS SIE ERST NOCH WISSEN MÜSSEN

Ich habe keinen Hang zur Selbstüberschätzung, aber: Ich bin eine Superheldin. Sie haben Schwierigkeiten damit, Aufgaben fristgerecht zu erledigen? Nun ja, ich reiche sie bereits ein, bevor mir überhaupt eine Frist *gesetzt* wird. Fehlerfrei, natürlich. Sie suchen auf ihrem chaotischen Schreibtisch hektisch nach den Unterlagen fürs Finanzamt? Ich ziehe einfach meinen Ablage-Ordner aus dem Regal, blättere lässig die thematisch beschrifteten Kladden darin durch und finde sofort das gewünschte Dokument für unsere freundlichen Finanzbeamten. Knickfrei, natürlich. Sie fragen sich, woher bloß die ganzen Staubmäuse kommen, die Ihnen beim Gang über den Flur in den Weg rollen? Da habe ich leider keine Antwort, denn so was passiert mir erst gar nicht. Ich staubsauge dreimal pro Woche, bei mir können Sie vom Fußboden essen. Öffnen Sie dafür einfach meinen regelmäßig gereinigten und aufgefüllten Kühlschrank und bedienen Sie sich. Es ist alles da, sofern Ihnen der Sinn nicht gerade nach Kaviar steht. Sie haben ein Problem und wissen nicht weiter? Kommen Sie zu mir, laden Sie es bei mir ab, ich finde eine Lösung, ich suche danach bis zur Selbstaufgabe, ich rette Sie. Versprochen. Sie verlieren manchmal die Nerven, wenn Ihr Gesprächspartner nicht versteht, was Sie ihm so dringlich mitzuteilen suchen? Machen Sie sich keinen Vorwurf, es ist eben nicht jeder mit so einer Engelsgeduld gesegnet wie ich. Sogar mein Therapeut sagt, ich sei »gut im Aushalten«. Ich verstehe bloß nicht, warum er da immer »leider« anhängt und das Thema auf meine angeblichen Probleme mit »Kontrolle« lenken möchte. Ich *habe* doch alles unter Kontrolle, davon konnten Sie sich soeben selbst überzeugen. Ich schaffe *alles*, bei aller Bescheidenheit.

Und so stellte sich mir im Gegensatz zu meinen skeptischen Freunden gar nicht die Frage, ob ich die mir nach dem Referendariat offerierte Stelle als Lehrerin an einer Berliner Grundschule mit angekratztem Ruf antrete oder nicht. Jaja, eigentlich bin ich Gymnasiallehrerin, Deutsch und Politik. Aber so groß wird der Unterschied zwischen kleinen und großen Schülern bei der Arbeit schon nicht sein. Jaja, die Schule gilt als Brennpunkt, aber was soll das schon heißen? Es sind doch nur Kinder! Also: Natürlich übernehme ich den Job! Ich bin die Feuerwehr, lösche alle Brände und säe auf dem fruchtbaren Boden Wildblumenwiesen, über die ich dann gemeinsam mit den lachenden, wissensdurstigen Kindern tanze. Gar kein Problem, Sie werden schon sehen!

*Ihre Katha Strofe*

KAPITEL 1

# FRISCHER WIND MIT ZUCKER UND ZIMT

Während der letzten Ferientage finden in den Schulen die sogenannten Vorbereitungstage statt, an denen das Kollegium zur Planung des kommenden Halbjahres zusammenkommt. Pünktlich, also 15 Minuten vor der angesetzten Zeit, fahre ich an der Kaspar-Hauser-Grundschule vor. Ich steige aus und lasse für einen Augenblick diesen wunderbaren Freitagmorgen auf mich wirken. Der Himmel hat sich in sein schönstes Königsblau gewandet, die Sonne spendet bereits zu dieser frühen Uhrzeit wohlige Wärme und die Luft verströmt einen süßlichen Geruch. Einen *wirklich* süßlichen Geruch, bemerke ich verwundert und schnuppere noch einmal bewusst in alle Richtungen. Mein Blick schweift an der Schrottpresse vorbei über zahlreiche, turmhohe Fabrikgebäude und bleibt an einem monströsen Ziegelschornstein hängen, den das Logo eines bekannten Keksproduzenten ziert. Daher weht also der zuckrige Wind. Ich nicke wohlwollend und schüttle innerlich milde den Kopf über meine Freunde, die sich nicht nur wegen des schlechten Leumunds der Schule, sondern auch wegen deren Lage direkt in einem Industriegebiet verhalten gezeigt hatten. Nun gut, das Schulgebäude, ein knallgrauer Betonklotz aus den 70er-Jahren, trägt seinen Charme nicht gerade offensiv zur Schau. Aber wie uns die Architekten so schön lehren: form follows function.

Mit meiner Tasche auf der Schulter gehe ich Richtung Eingangstür über den Schulhof. Seine spartanische Ausstattung mit Spiel- und Klettergeräten folgt bestimmt einem pädagogischen Konzept, das ich noch nicht kenne. Vielleicht fördert die Absenz von Schaukel, Rutsche und Co. die Kreativität der Kinder beim freien Spiel. Toll, hier kann ich offensichtlich noch was dazulernen! Gerade will ich die Pforte in meine verheißungsvolle berufliche Zukunft öffnen, da dringt ein Ruf an mein Ohr. »Huhu! Huuuhuuuu!«

Ich drehe mich um. Hinter mir hat eine hübsche Blondine in meinem Alter den Hof betreten und nähert sich nun mit raschen Schritten. Bei mir angekommen, zieht sie ihre stylishe Sonnenbrille von der Nase und mustert mich unbefangen von Kopf bis Fuß. »Biste eine von den Neuen?«, fragt sie. Meine Antwort bleibt einen Moment aus, weil meine neue Kollegin so schnell spricht, dass ich ihren Satz gedanklich erst mal in einzelne Wörter zerlegen muss. Also liefert sie die Antwort kurzerhand selbst: »Na klar biste das, seh ich ja, oder?! Doofe Frage, wa? Ich bin die Bine, kannste dir gleich merken. Freut mich total, dass du da bist!«

Strahlend hält sie mir die Hand hin. Ich schüttle sie artig und stelle mich betont langsam vor, als könne ich dadurch Bines Sprechtempo ebenfalls reduzieren. Beherzt umfasst sie meinen Oberarm und zieht mich genauso schnell gehend wie plappernd durch den Korridor zu einem großen Saal mit der schmissigen Bezeichnung »Mehrzweckraum«, wie das davor angebrachte Schild verrät. Noch immer meinen Oberarm fest im Griff, schiebt sich mich vor sich durch die schmale Tür hinein. »Ihr Lieben, guckt mal, was ich unterwegs aufgegabelt habe!«, ruft sie mit dem Stolz eines erfolgreichen Großwildjägers in die Runde der versammelten Kollegen und dreht ihre Trophäe, also mich, zur allgemeinen Beschau von rechts nach links. Von allen Seiten werde ich freundlich begrüßt und begutachtet. »Eine haben wir also schon mal!«, freut sich ein grau melierter Herr und reckt eine Siegerfaust in die Höhe. Bine interpretiert meinen fragenden Blick richtig und klärt mich auf, während sie mich zu einem freien Tisch in den hinteren Reihen manövriert: »Es ist bei uns nicht selbstverständlich, dass neue Kollegen hier auch tatsächlich ihren Dienst antreten. Die Senatsverwaltung weist sie zwar unserer Schule zu, aber dann entdecken die Leute im Internet die Medienberichte über die Kaspar-Hauser-Grundschule und suchen sich lieber schnell was anderes. Letztes Jahr kam von sechs angekündigten neuen Lehrern nur ein einziger, Herr Müller.« – »Krass«, sage ich ehrlich überrascht, grinse dann und schaue mich demonstrativ suchend um. »Wo ist denn der Mutige?« Bine winkt ab. »Über alle Berge«, sagt sie seufzend und lässt sich auf den Stuhl neben mir sinken, »auch das ist nichts Neues.« In Ermangelung einer adäquaten Erwiderung nicke ich einfach, während ich versuche, das aufkeimende ungute Gefühl herunterzuschlucken.

Natürlich habe auch ich vorab die Kaspar-Hauser-Grundschule gegoogelt, aber nach den ersten Suchergebnissen mit offenkundig sensationsheischenden Überschriften schnell wieder damit aufgehört. Mal ehrlich: Gewaltvorfälle, Antisemitismus, sexuelle Übergriffe zwischen Fünftklässlern … So was *kann* es an einer Grundschule in der Realität doch gar nicht geben. Nichts wird so heiß gegessen, wie es gekocht wird. Also beschloss ich, den Laptop wieder zuzuklappen und mich von meinem eigenen Erleben an der Schule positiv überraschen zu lassen.

»Dann findet Herr Müller hoffentlich woanders sein Glück«, sage ich so fröhlich wie möglich zu Bine, »Erzählst du mir dann einfach was über die Kollegen, die auch wirklich hier sind?« Ich habe Bine korrekt eingeschätzt: Sie lässt sich nicht zweimal bitten und rückt eilfertig näher an mich heran. Mit einer unauffälligen Kopfbewegung deutet sie auf einen Mitte 30-Jährigen, der weiter vorn in ein Handytelefonat vertieft ist. »Das ist Sören«, lässt Bine mich mit gesenkter Stimme wissen, »der meldet sich gerne krank, wenn morgens im Radio Stau am Kreuz Kleinkleckersdorf gemeldet wird.« Sie kichert. »Einige von uns hören jetzt auch in aller Herrgottsfrühe schon die Staumeldungen, um bessere Chancen bei unserer heimlichen Tippgemeinschaft zu haben. Wir wetten nämlich manchmal morgens, ob Sören zur Arbeit kommt oder sich krankmeldet. Kannst dich gern anschließen, wenn du magst.«

Bines verschmitztes Grinsen stirbt, als sie in meine ungläubig geweiteten Augen sieht. »Alles okay?«, fragt sie besorgt. »Jaja«, beeile ich mich zu sagen und bediene mich meiner Standard-Ausrede für Situationen, in denen mir meine Mimik entgleist: »Ich habe nur manchmal Probleme mit meinen Kontaktlinsen.« Zum Beweis blinzle ich mehrfach und verdrehe die Augen. Bine lächelt zufrieden und widmet sich mit suchendem Blick wieder ihrer Aufgabe, mich über meine neuen Kollegen zu informieren. Die große Wanduhr verrät mir, dass die Sitzung vor zehn Minuten hätte starten sollen. Da von den Anwesenden aber niemand mit gerunzelter Stirn auf die Uhr schaut oder die Verspätung kommentiert, versuche auch ich mich nicht weiter darüber zu wundern und wende mich erneut Bine zu, die anscheinend ein neues Studienobjekt gefunden hat. »Dort drüben an der Tür steht diese ältere Frau mit der Blümchen-Bluse, siehst du die?«

Ich bejahe, und Bine fährt leise fort: »Das ist Frau Schneider. Die geht aus Prinzip nicht in den Neubau.« Bine zeigt durch ein Fenster auf den im vergangenen Jahr für weitere Schulklassen errichteten »modularen Ergänzungsbau«, kurz MEB, gegenüber des Betonklotzes, in dem wir jetzt (nach wie vor ohne einen Direktor, der endlich die Konferenz eröffnet) sitzen.

Fragend ziehe ich die Augenbrauen hoch und hake nach: »Warum geht Frau Schneider denn nicht dort hinein? Das Gebäude ist doch bestimmt besser in Schuss als dieses hier, wenn ich das mal so sagen darf.« Schon auf dem Flur sind mir der wellige, schmutzig blaue PVC-Boden, die halb abgerissenen, angegilbten Plakate, die schmierigen Glastüren und fehlende Deckenfliesen aufgefallen. Bine nickt zustimmend und holt Luft für ihren nächsten Redeschwall: »Frau Schneider sorgt sich um die Strahlung im MEB, musst du wissen. Sie sagt, von den ganzen technischen Geräten dort, also den Beamern, Smartboards und so, bekommt sie Kopfschmerzen und ist dann den Rest der Woche krankgeschrieben. Deshalb unterrichtet sie dort nicht. Ich persönlich glaube ja nicht, dass da viel strahlt, oft funktionieren die Geräte nämlich sowieso nicht, aber so ist unsere Frau Schneider nun einmal. Kannste dir gleich merken: Wenn sie im MEB für Vertretungsstunden eingesetzt wird, schickst du die Schüler einfach auf den Hof. Frau Schneider wartet dann dort und sucht sich mit den Kindern einen freien Raum im Altbau.« – »Dadurch geht doch viel Unterrichtszeit verloren, oder? Was sagt denn der Direktor dazu?«, frage ich.

Bine lacht laut auf, als hätte ich einen wahren Kalauer vom Stapel gelassen. »Ach, das ist kein Problem! Dr. Altmann hat Frau Schneider das explizit erlaubt. Natürlich hat er das, Altmann erlaubt alles, der sagt zu nichts und niemandem Nein.«

Interessanter Führungsstil, denke ich bei mir. Möglicherweise eine Art antiautoritäre Erziehung für Lehrkräfte?

Bevor ich weiter darüber nachdenken kann, stupst Bine mich sanft mit dem Ellenbogen an und bedeutet mir, ihrem Blick zurück auf die Fensterseite zu folgen. Dort steht mittlerweile ein neu gebildetes Grüppchen Kollegen beisammen. Ich muss gar nicht erst fragen, über wen Bine mir als Nächstes etwas erzählen möchte. Sofort springt mir die schlanke, hochgewachsene Frau mit langem, zu einem Zopf gebundenem naturroten Haar und entsprechend heller Haut ins Auge. Das liegt allerdings nicht an der Körpergröße der etwa 50-Jährigen, sondern an der auf ihrer Nase sitzenden großen, tiefschwarzen Sonnenbrille. Die völlig undurchsichtigen Gläser sind an den äußeren Rändern zusätzlich verstärkt, sodass jeglicher Lichteinfall auch von der Seite unterbunden wird. Schlagerbarde Heino würde angesichts dieses Prachtexemplars einer Sonnenbrille vor Neid erblassen – und dadurch wenigstens in der Kategorie Hautfarbe mit der Lehrerin gleichziehen können. Deren Haupt schmückt neben der Brille noch ein beeindruckendes Paar Ohrenschützer. Auch hierbei handelt es sich keineswegs um ein auf irgendeiner Baustelle geklautes 08/15-Modell. Statt der ovalen Schalen, die Bauarbeiterohren bedecken, werden die der Lehrerin von spitz zulaufenden und mit grauem Stoff überzogenen Kegeln vor Lärm geschützt. »Frau Weihe hat ein paar … Unverträglichkeiten«, raunt mir Bine zu. »Insbesondere, was Lärm und Licht angeht.« – »Oh. Das ist ja schlimm«, erwidere ich, für eine elaboriertere Antwort noch zu erstaunt über den irritierenden Anblick, den Frau Weihe in ihrer Schutzausrüstung bietet. »Ja«, gibt Bine zurück, »besonders schlimm für die Schüler, weil Frau Weihe durch ihre Krankheit häufig fehlt – mehr als zwei Drittel des vergangenen Schuljahres, grob überschlagen.« Bine legt eine Kunstpause ein und genießt offensichtlich mein Staunen über ihre Personensteckbriefe. »Sie ist übrigens die Klassenlehrerin der 5f, deren Raum ist ganz oben rechts hier im Gebäude. Kannste dir gleich merken, da wirst du sicherlich viele Vertretungsstunden halten müssen. Bei der 5f musst du ordentlich auf den Tisch hauen, diese Kinder sind völlig außer Rand und Band. Ist ja auch logisch, denen fehlen Kontinuität und Regeln. Aber auch, wenn man das Verhalten der Kids mit der ständigen Abwesenheit ihrer Klassenlehrerin erklären kann, ändert das leider nichts daran, dass sie einen echt zur Weißglut bringen.«

Ich muss kurz durchatmen, finde dann aber schnell zu meinem Lächeln zurück. »Kein Problem«, sage ich theatralisch, »ich habe ›Der Club der toten Dichter‹ gesehen, ich mach das einfach wie Robin Williams und bringe die Kinder zack, zack wieder auf Spur.« Bine und ich setzen zu einem gemeinsamen Lachen an, das uns jedoch zeitgleich wie aus dem Nichts heraus im Halse stecken bleibt. Ich bekomme plötzlich nur schwer Luft und huste in meine Armbeuge, wobei ich verwundert feststelle, dass meine Arme mit Gänsehaut überzogen sind. Zusätzlich breitet sich in mir auf einmal eine überwältigende Hoffnungslosigkeit aus, die sich bleischwer auf meine Seele legt. Es ist ein Gefühl, als würde ich nie wieder glücklich sein können. Erschrocken ob dieser unerklärlichen Spontan-Depression schaue ich mit angstgeweiteten Augen zu Bine hinüber. Die kann mir jedoch auch nicht helfen, schlottert sie doch selbst am ganzen Körper und erwidert meinen Blick mit tränenverklärten Augen. Sämtliche Gespräche um uns herum sind zum Erliegen gekommen. Auch die Vögel, die eben noch vor den Fenstern ihre fröhlichen Sommerlieder sangen, sind verstummt. Einige Kollegen hechten auf freie Sitzplätze, wo sie augenblicklich stocksteif in der erstbesten Position verharren. Diejenigen, die weiter entfernt von unbesetzten Stühlen stehen, pressen sich verzweifelt gegen die Wand, als wollten sie mit ihr verschmelzen, in sie eindringen, lieber eingemauert werden in kaltem Stein als ... Ja, als was eigentlich? Was geht denn hier gerade vor?!

Durch die gespannte Stille dringt nun das rhythmische Klacken schwerer Absätze, die langsam näherkommen, an mein Ohr. Alle im Raum starren gebannt auf die Saaltür, ein Mann an meinem Nachbartisch, der sich eben noch in dröhnendem Bariton angeregt unterhalten hatte, wimmert leise. Mir ist kalt, und ich bemerke verblüfft, dass ich trotz 25 Grad Außentemperatur weiße Wölkchen meines Atems sehen kann. Die Klinke wird nach unten gedrückt, und ein Schatten legt sich über das einfallende Licht der sich öffnenden Tür. Eine große Frau in grauer Hose und einer unerhört glatt gebügelten Bluse in gleichem Farbton steht nun im Rahmen und lässt einen eisigen Blick aus eisblauen Augen über die Anwesenden schweifen. »Guten Morgen«, sagt sie scharf und klingt dabei zischend, obwohl diese beiden Worte gar keinen S-Laut beinhalten. »G... Guten Morgen«, erwidert der Wimmerling in ängstlicher Beflissenheit neben mir mit Eunuchenstimme. Vereinzelt erwidern auch andere Kollegen leise den Gruß der frisch Eingetroffenen. Sie tritt nun vollends in den Raum und steuert energischen Schrittes auf einen freien Tisch in der letzten Reihe zu. Ihr strohiges, aschgrau meliertes Haar hat sie zu einem festen Pferdeschwanz zusammengebunden, der beim Gehen kraftlos hin und her baumelt wie ein Gehängter am Strick. Mit geradem Rücken gleitet sie auf den anvisierten Stuhl. Sie stellt sich ihre graue Umhängetasche auf den Schoß, entnimmt dieser einen Schreibblock, eine

Federtasche und eine Wasserflasche und legt die Sachen mit Bedacht bündig nebeneinander auf dem Tisch.

Die Raumtemperatur scheint langsam wieder zu steigen, und das eiserne Korsett um meine Seele lockert sich. Auch in das Kollegium kehrt Leben zurück, Gespräche werden wieder aufgenommen, das Gefühl eines kollektiven inneren Aufatmens liegt in der Luft. »Was zum Teufel war das denn gerade?!«, raune ich Bine zu. »Die Frage ist nicht, was das *zum* Teufel war«, flüstert Bine mit belegter Stimme zurück, »sondern, was *vom* Teufel.« Bevor sie weiterspricht, schaut sie kurz nach hinten, um sicherzugehen, dass die Besprochene noch in sicherer Lauschentfernung an ihrem Platz sitzt. »Das ist Frau D. Wir sprechen ihren vollen Nachnamen nicht gern laut aus. Immer, wenn wir das tun, stellt sich dieses ... dieses Gefühl von eben ein. Kannste dir gleich merken: Sie ist die, deren Name nicht genannt werden darf.« Bine zückt einen Bleistift und einen Notizzettel aus ihrem Mäppchen und schreibt DORN darauf. Ich beuge mich über den Zettel. »Frau Dorn«, murmle ich leise und spüre sofort wieder die schwarze Angst von eben in mir emporkriechen. Erschrocken schlage ich mir die Hand vor den Mund. »Siehste«, sagt Bine und löscht schnell mit ihrem Radiergummi die Buchstaben vom Papier. »Was ist denn mit Frau D. los?«, erkundige ich mich verwirrt. Bine zuckt mit den Schultern. »Wenn wir das wüssten. Wenn wir *überhaupt* irgendwas über sie wüssten! Es kennt ja nicht einmal jemand ihren Vornamen. Falls ihr einer gegeben wurde. Vielleicht gibt es so etwas gar nicht, dort, von wo aus sie zu uns gesandt wurde. Du findest auch kein Bild von ihr an der Fotowand des Kollegiums. Sie stimmt dem vorgeblich aus datenschutzrechtlichen Gründen nicht zu. Ich denke aber eher, dass man von ihr vielleicht gar kein Foto aufnehmen kann, weil sie darauf vielleicht gar nicht zu sehen wäre, wenn du verstehst ...« Als langjähriger Fan von Horrorfilmen verstehe ich sehr wohl, was Bine meint. Geister, Dämonen und Co. können in diesem Genre gemeinhin nicht auf Bild gebannt werden. Doch obwohl zwar wirklich unheimlich war, was bei Frau D.s Ankunft geschehen ist, muss ich nun doch grinsen. Bine rümpft darüber ihr hübsches Näschen. »Das Lachen wird dir schon noch vergehen, meine Liebe. Mit Frau D. ist nicht zu spaßen. Und das erfahren nicht nur ihre Schüler am eigenen Leib. Einige von denen stehen jeden Tag weinend vor der Klassenzimmertür und müssen von ihren Eltern buchstäblich an den Haaren hineingezogen werden. Auch uns Lehrern verhält Frau D. sich nicht gerade kollegial gegenüber. Sie ist grundsätzlich gegen alles und jeden. Egal, ob es um Konferenzbeschlüsse, Ziele für Wandertage oder den Weltfrieden geht: Frau D. sagt Nein.« – »Klingt, als könnte Dr. Altmann sie hin und wieder ganz gut gebrauchen, wenn es darum geht, jemandem etwas auszuschlagen«, antworte ich augenzwinkernd.

Bine will gerade etwas entgegnen, da wird die Tür erneut aufgestoßen und ein alter, kleiner Herr eilt rotwangig herein. »Altmann«, erklärt Bine mir mit einem Kopfnicken in seine Richtung. Der Direktor strahlt in die Runde, gellt ein fröhliches »Hallihallo!« durch den Raum und tippelt auf die drei Tische ganz vorn zu, deren Stühle zu uns gewandt stehen. Die Chefsessel, also. Entouriert wird Altmann, der äußerlich an eine etwas klein geratene Version des Weihnachtsmanns mit schütterem Haupthaar erinnert, von den beiden anderen Mitgliedern der Schulleitung. Ich weiß bereits aus E-Mail-Verkehr, dass es sich dabei um die Stellvertreter Altmanns handeln muss, Frau Fischer und Herr Holz. Die zwei Enddreißiger folgen, bepackt mit Papierstapeln und Laptops, ihrem Vorgesetzten. Der hat aktuell Entscheidungsschwierigkeiten, was seine Platzwahl betrifft. Mit ratloser Miene läuft er die drei Tische für die Schulleitung wiederholt ab. Frau Fischer deponiert ihre Unterlagen auf dem Tisch rechts außen und eilt dann Dr. Altmann entgegen. Sanft legt sie ihm eine Hand auf die Schulter und führt ihn behutsam zum mittleren Tisch, wo sie ihm den Stuhl zurechtrückt und ihm bedeutet Platz zu nehmen. Dr. Altmann lässt sich darauf nieder und wirft ihr einen dankbaren Blick zu, den sie mit einem freundlichen Lächeln erwidert. Die Engelsmiene kann jedoch kaum von den hektischen Flecken in ihrem Gesicht ablenken, die auch ich manchmal stressbedingt bekomme. Herr Holz macht einen deutlich entspannteren Eindruck. Schon beim Hereinkommen trug er ein süffisantes Grinsen im Gesicht, das auch nicht abebbt, als er jetzt breitbeinig und lässig zurückgelehnt seinen Platz linker Hand von Altmann einnimmt. Ruhe kehrt ein, und alle Augenpaare richten sich auf Dr. Altmann. Der guckt mit großväterlich gönnerhafter Miene zurück. Nach ein paar sehr langen Sekunden stupst Frau Fischer ihn vermeintlich unauffällig unter dem Tisch an und lupft die Augenbrauen als Signal, dass Altmann sich erheben möge. Erstaunlich behände springt der Mann auf und breitet die Arme aus: »Liebe Kolleginnen und Kollegen! Hallihallo! Es hat heute mal wieder ein bisschen länger gedauert, bis wir anfangen konnten. Aber wir beeilen uns jetzt einfach ein wenig und holen die 20 Minuten wieder auf.« Schallendes, kollektives Gelächter brandet auf, und ich zucke vor Schreck zusammen. In Bines Augenwinkeln sammeln sich Lachtränen. Sie japst nach Luft und sagt kurzatmig an mich gewandt: »Hier wird niemals irgendetwas zeitlich aufgeholt. Im Gegenteil! Kannste dir gleich merken: Konferenzen oder Dienstbesprechungen dauern gut und gerne vier Stunden, also nimm dir besser nichts anderes vor an solchen Tagen.« – »Vier Stunden?!«, entfährt es mir ungläubig. »Jaja«, sagt Bine mit wegwerfender Geste, »meiner Meinung nach werden in den Konferenzen immer zu viele Themen besprochen. Aber es darf eben jeder vorbringen, was er möchte. Du weißt ja, Nein sagen gehört nicht zu Altmanns Stärken. Außerdem fangen wir nie pünktlich an, irgendwas ist immer. Aber das ist ja beim Unterricht genauso, also nimm's nicht so schwer.« – »Das ist ja beim Unterricht genauso?«, echoe ich fragend. Bine nickt. »Also direkt um 8 Uhr starten die wenigsten in die Stunde. Du weißt ja, wie das ist. Bis man morgens alles kopiert hat, auf dem Klo war und der Kaffee endlich durchgelaufen ist … Das braucht halt alles seine Zeit. Und außerdem sind die Schüler um 8 auch noch längst nicht alle da, die sind sooo unpünktlich! Insofern …« Bine hebt unschuldig die Hände. Meinen Gedanken, dass die Schüler vielleicht deshalb zu spät kommen, weil sie wissen, dass der Lehrer sowieso noch nicht im Klassenraum ist, behalte ich für mich, da die allgemeine Heiterkeit sich wieder gelegt hat und Altmann, jetzt mit einem Blatt in der Hand, weiterspricht:

»Der erste Punkt auf der Tagesordnung ist die Begrüßung. Das haben wir erledigt.« Er schaut kurz prüfend auf das Papier und dann suchend auf seinen Tisch. Wortlos zeigt Frau Fischer auf den unmittelbar vor Altmann liegenden Stift. Erleichtert greift Altmann danach und streicht Punkt eins auf der Tagesordnung umständlich ab. Frau Fischer räuspert sich. »Dr. Altmann, wäre es nicht gut, wenn wir dem Kollegium die Tagesordnung erst mal aushändigen?« Der Direktor schiebt seine Weihnachtsmannbrille hoch und schaut in die Runde. »Ach, ihr habt noch gar keine Tagesordnung!«, ruft er bass erstaunt und nimmt mit beiden Händen die Blätter entgegen, die Frau Fischer ihm bereits mit leerem Blick entgegenstreckt. »Wer möchte austeilen?«, fragt Altmann mit verheißungsvoller Mimik ins Kollegium. Der Job als Grundschullehrer ist Altmann anscheinend in Fleisch und Blut übergegangen. Zwei Kollegen in den vorderen Rängen stehen auf und verteilen den Ablaufplan des Tages.

Von meinem Nacken aus bahnt sich ein unheilvolles Ziehen seinen Weg nach oben, das sich im Laufe des Vormittags zu einem veritablen Kopfschmerz auswächst. Nach zweieinhalb Stunden haben wir drei von sieben Tagesordnungspunkten »ergebnisoffen« abgehandelt, um es mal euphemistisch auszudrücken. Beschlossen wird nichts, da das Kollegium, vor allem dank Frau D., bei keinem Abstimmungspunkt zu einer einheitlichen Entscheidung gelangt. Und weil Machtworte nicht Altmanns Sache sind, werden Beschlüsse über Lehrbücher, Klassenfahrten und Zuständigkeiten kurzerhand auf irgendwann vertagt. Um nicht einzuschlafen, lade ich mir die Apps mancher Modeketten aufs Handy und scrolle gähnend durch die feilgebotenen Klamotten. Ich füge ein paar T-Shirts und Sommerkleidchen dem Warenkorb hinzu und will gerade den Bezahlvorgang starten, da bewahrt Altmann mich vor den überflüssigen Ausgaben, indem er tatsächlich seinen Sermon beendet und als nächsten Tagesordnungspunkt das Einfinden in Arbeitsgruppen ankündigt. Herr Holz erhebt sich von seinem Platz und verliest, welche Raumnummern für die jeweiligen Gruppen vorgesehen sind. Weil er dabei nach wie vor unablässig grinst, frage ich mich, ob er uns gerade einen Streich spielt und absichtlich falsche Räume ausruft. Als er seine Auflistung mit ebenjenem Gesichtsausdruck und den Worten »Viel Erfolg, wir sehen uns dann hier in zwei Stunden wieder« beendet, weiß ich wieder nicht, *ob* und wenn ja, *was* an seiner Aussage ironisch gemeint ist. Als ich mich umblicke und feststelle, dass niemand außer mir im Kollegium einen irritierten Eindruck macht, beschließe ich, mir darüber keine weiteren Gedanken zu machen, und mache mich auf den Weg zu der mir zugewiesenen Arbeitsgruppe.

Die Arbeitsgruppen, in denen fachbezogene Planungen für das neue Schuljahr erarbeitet werden sollen, setzen sich nach den Unterrichtsfächern der Kollegen zusammen. Ich schließe mich dementsprechend den Deutschlehrern an, da Frau Fischer mir bereits per Mail geschrieben hat, dass ich überwiegend in diesem Fach eingesetzt werde, da es mein Zweitfach Politische Bildung an Grundschulen ohnehin nicht gibt. Ich folge dem Deutschlehrerrudel in ein freies Klassenzimmer, wo zu meinem Erstaunen noch eine längst ausgestorben geglaubte Kreidetafel hängt. Die Wände zieren mehr schlecht als recht mit Tesafilm befestigte Plakate, die in krakeliger Kinderschrift über »Eisberen« und »Pingoine« informieren. Ich muss grinsen, als ich die dazugehörigen Zeichnungen studiere, die auch in einer Expressionismus-Ausstellung gut aufgehoben wären. Schon niedlich, kann ich nicht anders sagen.

Wir schieben ein paar Tische zusammen und setzen uns zu acht darum herum. Ich zücke erwartungsfroh mein Notizbuch, überzeugt davon, dass es nun endlich mal in medias res geht und ich erfahre, wie und womit an der *Kaspar Hauser* gearbeitet wird. Sobald alle Platz genommen haben, erfahre ich dann auch einiges – darüber, wo die Kollegen ihren Sommerurlaub verbracht haben und wie es mit den Renovierungsarbeiten daheim vorangeht. Ich werde freundlich in die heitere Plauderrunde einbezogen, gebe auch ein paar Urlaubsgeschichten zum Besten und trinke einen Kaffee nach dem anderen. Ich vergesse bald völlig, dass ich mich eigentlich in einer dienstlichen Besprechung befinde, bis Frau Fischer plötzlich den Kopf durch die Tür steckt. »Na, wie läuft es bei euch?«, fragt sie lächelnd. »Wie am Schnürchen!«, entgegnet Frau Zunder wie aus der Pistole geschossen und unterstreicht ihre Aussage mit nach oben gerecktem Daumen, während Sören auffällig unauffällig die auf dem Tisch verstreuten Urlaubsfotos zusammenklaubt. Das bleibt Frau Fischer nicht verborgen. Sie lupft eine Augenbraue, lässt unseren offensichtlich mangelhaften Arbeitseifer jedoch unkommentiert und kündigt an, in einer Stunde erneut bei uns vorbeizuschauen.

Als die Tür hinter ihr ins Schloss fällt, ergreift Frau Zunder erneut das Wort: »Na gut, meine Lieben. Sieht so aus, als müssten wir jetzt doch ein bisschen arbeiten. Hat jemand eine Idee, wie wir das machen können?« Die eben noch so redefreudigen Deutschlehrer sind plötzlich stumm wie die Fische. Allein der altersschwache Sekundenzeiger der stehen gebliebenen Wanduhr zuckt geräuschvoll vor sich hin, allerdings ohne sich dabei vom Fleck zu bewegen. »Könnte nicht einfach der Fachbereichsleiter das Ruder in die Hand nehmen?«, schlage ich vor. Ein Fachbereichsleiter ist Ansprechpartner bei Fragen zur allgemeinen Organisation des jeweiligen Fachbereichs, Klassenarbeiten, Terminen für Meetings und so weiter.

Doch anstatt dass sich ein Kollege nun als entsprechender Amtsträger zu erkennen gibt, trage ich mit meiner Frage nur zur allgemeinen Belustigung bei. »An der Fachbereichsleitung könnten wir wirklich mal arbeiten«, gluckst Sören und erntet Lacher von allen Seiten. Frau Zunder bemerkt meinen irritierten Blick und setzt mich ins Bild: »In den letzten Jahren hat sich leider niemand gefunden, der die Fachbereichsleitung übernehmen möchte …« Sie kratzt sich etwas verlegen am Hinterkopf. Ich kann es nicht glauben und muss noch mal nachfragen: »Ihr habt keine Fachbereichsleitung? Wer organisiert denn dann alles rund ums Fach Deutsch?« – »Das macht jeder für sich selbst«, erklärt mir Sören und schließt grinsend an: »Außer, *du* hast Ambitionen, den Job zu übernehmen!« Ad hoc schauen alle Pauker hoffnungsvoll zu mir herüber, aber ich schüttle schon den Kopf. »Es ehrt mich ja ungemein, dass ihr mir das zutrauen würdet. Aber als blutige Berufsanfängerin überlasse ich so eine verantwortungsvolle Tätigkeit lieber erfahreneren Kollegen«, erwidere ich mit bescheidenem Lächeln und freue mich über meine gute Ausrede. Ich bin wirklich nicht arbeitsscheu, aber möchte mich auch nicht gleich vor einen unliebsamen Karren spannen lassen. Die anderen seufzen enttäuscht. »Gibt es denn dieses Mal Freiwillige?«, erkundigt sich Frau Zunder an die Versammelten gewandt. Prompt heften die Angesprochenen ihre Blicke konzentriert auf ihre Fingernägel oder glätten beflissen unsichtbare Falten auf ihren Hemden und Hosen. »Wir könnten Streichhölzer ziehen?«, schlägt eine Kollegin vor. »Auf keinen Fall, da verliere ich garantiert, ich verliere immer bei so etwas!«, wehrt Sören sich energisch. Frau Zunder verdreht die Augen. »Leute, wir müssen eine Lösung finden. Ich hätte das Thema heute sowieso angesprochen, denn Frau Fischer hat mir heute früh deutlich gesagt, dass wir ihr bis zum Nachmittag endlich einen Fachbereichsleiter präsentieren müssen. ›Keine Ausreden mehr‹, meinte sie.« Wieder kehrt betretenes Schweigen ein.

Da hat Sören einen Heureka-Moment und ruft aus: »Ich hab's! Herr Müller ist doch heute krank! Was haltet ihr davon, wenn wir einfach ihn zur Wahl stellen?« Überrascht vernehme ich zustimmendes Gemurmel. »Super!«, freut sich Sören, der jetzt richtig in Fahrt kommt. »Also, dann ganz offiziell: Zur freien, offenen Wahl für die Stelle als Fachbereichsleiter steht Herr Müller. Wer ist dafür?« Alle außer mir heben die Hand. Ich drücke mich vor einer Positionierung mit dem Hinweis, dass ich Herrn Müller ja noch gar nicht kenne. »Das macht doch nichts«, winkt Sören ab, »der wird das großartig machen, glaub uns einfach.« Unter dem Druck der auf mich gerichteten Augenpaare erhebe also auch ich widerstrebend den Arm. »Fein!«, freut sich Sören und ruft überflüssigerweise das Wahlergebnis aus: »Hiermit ernenne ich Herrn Müller zum demokratisch und einstimmig gewählten Deutsch-Fachbereichsleiter für das kommende Schuljahr. Ich lege ihm einen Zettel mit der frohen Kunde in sein Fach und bin mir sicher, dass er sich über sein neues Amt sehr freuen wird, wenn er morgen aus dem Urlaub kommt.« Über das Gekichere der Kollegen hinweg rutscht mir heraus: »Ich dachte, Herr Müller ist *krank*?« – »Äh, ja«, sagt Sören und beginnt nervös, an seinen Fingernägeln zu nesteln. »Er ist ... im Urlaub krank geworden. Kennt man ja, die Erkältung kommt immer in den Ferien!« Er stößt einen hohen Lacher aus, und alle stimmen mit ein, schenken sich dann Kaffee oder Wasser nach und nehmen schnell wieder ihre Privatgespräche auf, während ich noch mit dem nordkoreanischen Demokratieverständnis meiner Kollegen hadere.

Doch immerhin ist die bald erneut auftauchende Frau Fischer mit der Wahl eines Fachbereichsleiters als Arbeitsergebnis unserer zuvor auf zwei Stunden festgesetzten Zusammenkunft zufrieden, und die Sitzung ist vorüber. Das Kollegium findet sich erneut im Mehrzweckraum ein, wo Altmann zwei weitere Stunden meiner kostbaren Lebenszeit wegpalavert und mich außerdem um kostbares Bankguthaben bringt, weil ich vor

Langeweile doch noch die vorhin abgebrochene Klamottenbestellung abschließe.

Bevor ich mich mit vom Sitzen schmerzenden Pobacken auf den Weg nach Hause machen kann, angle ich aus meinem Fach im Lehrerzimmer noch meinen mittlerweile eingetroffenen Stundenplan, den ich neugierig in Augenschein nehme. Mehr als die Hälfte meiner Stunden werde ich als Lehrerin für Deutsch als Fremdsprache, kurz DaF, eingesetzt. Das ist angesichts des hohen Anteils an Schulkindern aus Flüchtlings- und Zuwandererfamilien nicht verwunderlich, zumal ich eine entsprechende Zusatzqualifikation für den sogenannten Zweitspracherwerb habe. Geplant ist, dass ich in einer eigens dafür eingerichteten »Willkommensklasse« unterrichte und die Kinder dort täglich einige Stunden lang sprachlich fit für den Unterricht in ihren Regelklassen mache, denen sie angehören. Eine schöne, wichtige Arbeit, finde ich und freue mich über die vielen Stunden, die ich damit verbringen kann.

Weniger schön ist, dass ich offenbar die neue Deutschlehrerin der 5f bin. Aber darüber mache ich mir gerade keine großen Gedanken, denn beim Weiterlesen des Plans springt mir schon der Punkt »AG« ins Auge. Ich werde also eine Mädchenfußball-AG leiten! Zwar hatte ich in Lebenslauf und Erstgespräch mit der Schulleitung Auskunft darüber gegeben, dass ich zu Schulzeiten in einem Fußballverein gespielt habe, doch ich hielt den spontanen Vorschlag von Frau Fischer, eine diesbezügliche AG zu übernehmen, ehrlich gesagt für einen Scherz. Denn eigentlich brauche ich für das Halten von Sportunterricht eine dazugehörige Ausbildung, mindestens in Form von Sicherheitstrainings und Co. Aber an der *Kaspar Hauser* wertet man solche Vorschriften wohl eher als Empfehlungen, und so bin ich von jetzt auf gleich frischgebackene Sportlehrerin. Noch ganz vertieft in meinen Stundenplan, bemerke ich zunächst gar nicht, dass Bine neben mir steht, deren Fach sich direkt über meinem befindet. »Naaa, zufrieden?«, fragt sie augenzwinkernd und tippt auf das Blatt in meinen Händen. »Jaja, total«, beeile ich mich zu sagen, »Nur mit der 5f in Deutsch habe ich wohl nicht das große Los gezogen, wie ich ja von dir weiß. Und dass ich die Mädchenfußball-AG leite, überrascht mich ein wenig, weil ich noch nie Sport unterrichtet habe. Ich schaue am Wochenende gleich nach einer Fortbildung oder einem Workshop, damit ich die benötigte Qualifikation nachreichen kann.« Bine winkt lachend ab. »Dich wird keiner nach einer Qualifikation fragen. Hier unterrichten alle ständig fachfremd, schon wegen der ganzen Vertretungsstunden durch den hohen Krankenstand im Kollegium. Wenn wir uns dafür weiterbilden müssten, wären null Lehrer in der Schule, weil wir ausschließlich in irgendwelchen Fortbildungen säßen.« – »Oha. Wie viele Stunden vertrittst du denn pro Woche ungefähr?«, erkundige ich mich und weiß nicht, ob ich die Antwort wirklich hören will. »Mich selbst trifft es nicht so oft, weil ich Klassenlehrerin und deshalb fast den ganzen Tag in meiner Lerngruppe bin. Ich hab nur ein, zwei Vertretungsstunden pro Woche. Aber wenn ich so auf *deinen* Stundenplan schmule …« Bine legt die Stirn in Falten und inspiziert den Plan wie ein Arzt das Röntgenbild einer komplizierten Fraktur, »… sieht es ehrlich gesagt nicht gut für dich aus. Du bist ja, zumindest auf dem Papier, häufig bei den Willkommenskindern eingesetzt. An deiner Stelle würde ich nicht darauf wetten, dass du wirklich in diesem Umfang DaF-Unterricht geben wirst. Wenn viele Kollegen krank sind und Vertretungskräfte gebraucht werden, wird zuerst der DaF-Unterricht gestrichen.« – »Aber diese zusätzlichen Deutschstunden sind doch für die Kinder genauso wichtig wie der reguläre Unterricht!«, werfe ich etwas verschnupft ein. »Natürlich«, beschwichtigt Bine, »Niemand behauptet, dass dein DaF-Unterricht nicht wichtig ist – aber noch wichtiger ist eben, dass keine Klasse unbeaufsichtigt bleibt, wenn Lehrer krank sind. Und weil deine Willkommenskids eine Regelklasse haben, ist deren Beaufsichtigung sichergestellt. Also müssen sie dortbleiben und auf DaF-Unterricht verzichten, während du Vertretungs-Feuerwehr spielst. Niemand ist glücklich damit, niemand macht das mit böser Absicht. Es geht einfach nicht anders.«

Bine versucht sich an einem Lächeln, als sie meine besorgte Miene bemerkt. »Dort drüben steht ein Ordner mit Material für Vertretungsstunden.« Tröstend zeigt Bine auf ein mit Ordnern, Heftern und Kopierpapier beladenes eisernes Schwerlastregal an der Wand. »Da findest du bestimmt was, womit du die Kinder beschäftigen kannst. Schau doch mal rein.« – »Das mache ich, danke dir, Bine«, sage ich kaum getröstet, gehe zu dem Regal hinüber und finde rasch den mit »VERTRETUNG« beschrifteten Ordner. Ich ziehe ihn heraus und klappe ihn auf. »Der ist ja leer!«, rufe ich erstaunt aus und blicke empört zu Bine. Die kratzt sich unangenehm berührt an der Schläfe. »Da hat wohl jemand vergessen, die Kopiervorlagen wieder einzuheften«, sagt sie lahm und wechselt nun rasch das Thema: »Soll ich dich noch in der Schule herumführen, damit deine Suchen künftig erleichtert werden?«, bietet sie eilfertig an. Ich stelle den Ordner zurück an seinen Platz und nehme Bines Angebot dankend an.

Gemeinsam gehen wir hinüber in den mir noch unbekannten Neubau. Bine zeigt mir, wo ich die Bibliothek, den Materialraum und die Lehrertoilette finde. Als wir nebeneinander in dem weiß gekachelten Raum stehen, deutet sie auf die Hygieneartikel am Waschbeckenrand. »Das Raumspray, die Handcreme und das Parfüm gehören *mir*«, erklärt sie streng und schaut mich durchdringend an. »Du kannst die Sachen gern benutzen, aber du stellst sie danach bitte wieder *zurück*«, ergänzt sie. Ich runzle über die implizite Unterstellung, eine Diebin zu sein, unwillkürlich die Stirn. Bine bleibt mein Blick nicht verborgen, und sie besinnt sich. »Sorry,«, sagt sie in versöhnlichem Tonfall, »da hat mich wohl eben eine schlechte Erinnerung übermannt.« – »Was ist denn passiert?«, frage ich neugierig. Bine schnalzt abfällig mit der Zunge. »Es geht um eine Lehrerin, die letztes Jahr hier angefangen hat und nun auch schon wieder weg ist«, beginnt sie, »Schon bevor wir Frau Elster das erste Mal zu Gesicht bekommen haben, ahnten wir, dass mit ihr etwas nicht stimmt. Sie hatte zuvor nämlich jedes einzelne Schuljahr an einer anderen Schule gearbeitet. Es ist kein gutes Zeichen, wenn ein Lehrer neun Jahre lang nirgendwo ›ankommt‹.» Bine malt Anführungszeichen in die Luft und macht es sich auf der geschlossenen Klobrille bequem. »Unsere Befürchtungen haben sich leider bewahrheitet. Nicht nur wegen ihrer vielen Fehlzeiten, sondern auch, weil Frau Elster ihrem Namen alle Ehre gemacht hat. Kurz vor Schuljahresende ist sie ins Lehrerzimmer gekommen, wo ich mit unserem Kollegen Anton eine Freistunde verbrachte. Frau Elster grüßte wie gewöhnlich und steuerte die Teeküche in der Ecke des Raums an. Ich war in meine Unterhaltung mit Anton vertieft und erfasste bloß am Rande, dass Frau Elster nacheinander die Fächer und Schubladen rund um die Spüle öffnete, um darin herumzuwühlen. Nachdem sie ein paar Gegenstände in eine umherstehende Plastikbox geworfen hatte, ging sie hinüber zu den Materialschränken und riss auch dort alle Türen auf. Ich fragte sie, ob sie Hilfe brauche, aber Frau Elster verneinte nur knapp und verschwand mit dem Kopf wieder im Schrank. Ich zuckte mit den Schultern und nahm an, dass sie wohl irgendwas Spezielles für ihren Unterricht suchte. Da ich sie nicht gut leiden konnte, verzichtete ich gern auf ein ausführlicheres Gespräch mit ihr und ließ sie einfach machen. Außerdem war sie offenbar eh fündig geworden, denn weitere Sachen wanderten nun vom Schrank in die Box. Anton stutzte kurz, als Frau Elster sich noch ein paar Stifte von Cans Tisch schnappte. Nachgehakt hat er aber nicht, denn unsere Kollegin griff mit so großer Selbstverständlichkeit nach dem fremden Eigentum, dass wir beide automatisch davon ausgingen, alles hätte schon seine Richtigkeit. Dann verließ sie das Lehrerzimmer und kehrte wenige Minuten später mit ein paar weiteren Gegenständen im Arm zurück, wie ich aus dem Augenwinkel wahrnahm. Die inzwischen prall gefüllte Plastikdose bugsierte sie in ihren Stoffbeutel, nahm ihre Jacke vom Garderobenständer und verschwand mit knappem Gruß aus der Tür. In der Luft hing plötzlich ein markanter Duft, der eindeutig nicht aus der Keksfabrik kam. ›Es riecht ja hier auf einmal nach meinem Parfüm‹, wunderte ich mich laut.

Da fiel bei Anton und mir endlich der Groschen. ›Frau Elster hat uns doch nicht etwa gerade direkt vor unseren Augen beklaut, oder?‹, rief Anton mir fassungslos hinterher, denn ich war bereits auf dem Weg zur Toilette, wo ich mich vergeblich nach zahlreichen meiner Sachen umschaute …« – »Eine Kleptomanin!«, stellte ich sofort meine Laiendiagnose. Bine wiegte den Kopf nachdenklich hin und her. »Falls das stimmt, sogar eine ziemlich wählerische«, ergänzt meine bestohlene Kollegin und fährt fort: »Frau Elster hat sich nämlich nur an teuren Markenprodukten vergriffen, Raumspray und Bodylotion vom Discounter hat sie stehen lassen. Als wir den Kollegen in der Pause von Frau Elsters Raubzug erzählten, hat jeder Inventur gemacht, und vielen erging es ähnlich wie mir. Kaffeetassen aus Porzellan, Füller, teure Teesorten ... Alles weg.« – »Und dann?«, frage ich ungeduldig. »Dann haben wir Frau Elster, die sich im Übrigen am nächsten Tag krankgemeldet hatte, bei der Polizei wegen Diebstahl angezeigt«, erzählt Bine weiter. »Das Verfahren wurde allerdings eingestellt, denn eine Woche später ist sie aufgetaucht und hat heimlich im während des Unterrichts leeren Lehrerzimmer die Tüte mit ihrer Beute abgestellt. Danach habe ich nie wieder etwas von ihr gehört. Bis zu den Sommerferien ist sie krank zu Hause geblieben und hat sich anschließend in alter Tradition an eine neue Schule ›davongestohlen‘‹.« – »Das ist ja unglaublich«, murmele ich.

Bine lacht auf und erhebt sich vom WC-Sitz. »Wenn du *das* schon unglaublich findest, dann wirst du an der Kaspar-Hauser-Grundschule aus dem Staunen nicht mehr herauskommen!«, sagt sie und verabschiedet sich in den Feierabend.

KAPITEL 2

# HIMMEL UND HÖLLE

Mein Wochenende verbringe ich mit Unterrichtsvorbereitungen am Laptop. Da mein Lehramtsstudium aufs Gymnasium ausgerichtet war, muss ich mir erst mal einen Überblick darüber verschaffen, was und wie eigentlich an Grundschulen unterrichtet wird. (Nicht, dass ich im Studium auf *irgendeinen* realen Unterricht an *irgendeiner* Schule vorbereitet worden wäre – aber dazu später mehr.)

Am Sonntagabend beschaue ich mir mit einiger Genugtuung mein Werk. Ich habe für den Deutschunterricht in der Fünften, für den DaF-Unterricht und die Fußball-AG lauter, wie es im Fachjargon so schön heißt, »schüleraktivierende«, »kompetenzfördernde« – »Reihenplanungen« mit »Lebensweltbezug« erstellt. Ich habe kindgerechte Arbeitsblätter gelayoutet, Rätselspiele vorbereitet, Plakatwettbewerbe geplant und Anleitungen für lustiges Sport-Aufwärmtraining gedruckt. Nun laminiere ich noch meine Wort-Bild-Karten für die Willkommenskinder. »Du hast nicht ernsthaft ein Laminiergerät gekauft?«, fragt mein Freund Tino ungläubig, als er mich nach dem Heimkommen mit dem Ding auf dem Wohnzimmerboden sitzend und von Laminierfolien umrahmt vorfindet. Er ist ebenfalls Lehrer, weshalb uns Freunde gern aufs Korn nehmen – Lehrerpärchen gelten gemeinhin nicht gerade als cool und entspannt. Kürzlich habe ich sogar in einem Artikel gelesen, dass Lehrer von Vermietern oft abgelehnt werden, weil sie deren vermeintliche

Besserwisserei und ständige Beschwerden über Ruhestörungen oder falsche Mülltrennung fürchten.

Und weil wir dementsprechend oft mit Lehrerklischees überhäuft werden, schlossen Tino und ich an einem weinseligen Abend einen Pakt, um entschieden alles zu vermeiden, was gemeinhin mit den Worten »typisch Lehrer« kommentiert werden könnte: Wir verstauen unsere Lehrbücher nicht in braunen Lederumhängetaschen (obwohl da echt viel hineinpasst), wir tragen weder Cordhosen noch Schlabberpullis (obwohl die echt bequem sind) und wir kaufen niemals ein Laminiergerät (obwohl das echt praktisch ist). »Das ist echt praktisch!«, verteidige ich aus dem Schneidersitz heraus meine Neuanschaffung. Tino seufzt und zieht vor Schreck erst mal ein Bier aus dem Kühlschrank. »Fehlt nur noch 'ne Perlenkette, dann bist du endgültig zum Stereotyp einer Grundschullehrerin mutiert«, legt er genüsslich nach und genehmigt sich einen großen Schluck aus der Flasche. Ich schaue grimmig zu ihm hoch und denke an die hübsche Perlenkette in meinem Schmuckkästchen, von der mein Freund nichts weiß. Mein drohender Blick motiviert Tino zum strategischen Rückzug unter die Dusche. Ich laminiere stoisch weiter und verabschiede mich schließlich verantwortungsbewusst früh ins Bett, um an meinem ersten Schultag ausgeschlafen zu sein.

Am nächsten Morgen kämpfe ich mich mit meinem Auto durch den Berufsverkehr auf der Stadtautobahn und atme erleichtert auf, als ich endlich die anvisierte Ausfahrt erreiche. Der schlimmste Teil des Fahrtwegs ist überstanden, denke ich und biege in die schmale Straße ein, in der die *Kaspar Hauser* beheimatet ist. Prompt muss ich hart auf die Bremse treten. Vor mir erstreckt sich eine schier endlose Karawane an Fahrzeugen.

Wobei der Begriff »Karawane« suggeriert, dass es sich dabei um eine geordnete Aneinanderreihung handelt. Hier aber herrscht das reine Chaos. Autos rangieren vor- und rückwärts, bleiben im Zuge gescheiterter Wendemanöver quer auf beiden Fahrspuren stecken, parken in zweiter »Reihe«, hupen, werden abgewürgt, angelassen, lichtblitzen grellweiß und bremsrot. Szenen wie diese kenne ich bisher nur aus Apokalypse-Blockbustern, in denen der Straßenverkehr durch die panisch aus der zombieverseuchten Stadt flüchtenden Menschen zum Autonomiegebiet wird.

Weil ich den wahren und mir bereits schwanenden Grund für das Durcheinander nicht wahrhaben will, mutmaße ich, dass ein schwerer Unfall weiter vorn in der Straße für den Verkehrskollaps verantwortlich ist. Im Schneckentempo nähere ich mich meiner Grundschule und werfe besorgte Blicke auf die Uhr. In 20 Minuten klingelt es zur ersten Stunde. Bei der nächstbesten Einfahrt wende ich kurz entschlossen und steuere mein Gefährt auf einen anliegenden Supermarktparkplatz. Auf diesem droht mir ein Schild mit einer 20-Euro-Strafe bei Überschreitung von 90 Minuten Parkdauer. Kontrolliert eh keiner, denke ich und fahre in eine freie Lücke. Mit meiner Handtasche über der einen Schulter und meinem Jutebeutel mit Unterrichtsmaterial über der anderen eile ich auf die Kaspar-Hauser-Grundschule zu. Der vorweihnachtliche oder in Anbetracht des aktuellen Monats August eher vorvorvorweihnachtliche Spekulatiusduft, der heute die Morgenluft erfüllt, geht leider nicht mit der dazugehörigen besinnlichen Stimmung vor der Schule einher. Die Insassen der kreuz und quer vor dem Schultor stehenden Fahrzeuge, darunter überraschend viele Luxuskarren, feuern bei heruntergelassener Scheibe polyglotte Beleidigungssalven und Befehle zum Vor- oder Zurückfahren aufeinander ab. Flüche auf Arabisch, Verwünschungen auf Serbokroatisch, Drohungen auf Russisch und Jemecker uff Berlinerisch werden von einem steten Hupkonzert untermalt. Autotüren werden achtlos aufgerissen, Rad fahrende Schüler manövrieren klingelnd um die plötzlich entstandenen Hindernisse herum. Der Gehweg ist übervölkert von heulenden und lachenden Kindern, manche klammern sich mit tränennassen Augen und schnoddriger Nase an die elterliche Brust, andere wiederum versuchen sich von ebenjener zu lösen und protestieren mit schriller Stimme gegen Mamas unliebsame Umarmungen.

Spontan entschließe ich mich dafür, das Schulgelände nicht über das offizielle Eingangstor, sondern durch den benachbarten Lehrerparkplatz zu betreten, zu dem ich es mit meinem Auto nicht geschafft hatte. Ich schließe das Gatter auf und schaffe es in den Altbau. Als ich um zehn vor acht endlich im Lehrerzimmer ankomme, sehe ich einen Pulk aus Kollegen, der sich ungeduldig zappelnd um einen an der Wand hängenden Bildschirm schart wie verdurstende Antilopen ums Wasserloch. Neugierig nähere ich mich der anscheinend sehr aufregenden Monitoranzeige und erkenne schon aus der Ferne, dass es sich dabei um den Vertretungsplan handelt. Um Genaueres lesen zu können, werfe ich mich ins Getümmel und erkämpfe mir einen Platz in den vorderen Reihen. Heute fehlen vier der vierzig Kollegen. Das sind nicht viele, aber bei durchschnittlich sechs täglichen Unterrichtsstunden pro Lehrer müssen nach Adam Riese dennoch ganze 24 Stunden Vertretungsunterricht von der Schulleitung organisiert werden. Und so komme auch ich gleich an meinem ersten Arbeitstag an der Kaspar-Hauser-Grundschule in den zweifelhaften Genuss meiner ersten Vertretungsstunde:

Kunst in der 4a. Dafür fällt, wie Bine richtig prophezeit hat, meine letzte Stunde DaF flach. Ich kann zwar nicht mal einen Kreis malen, der von einem Hühnerei unterscheidbar ist, aber ich habe ja meinen jüngst erstellten Vertretungsordner von zu Hause mitgebracht und werde dort schon etwas Geeignetes für die Kinder finden, hoffe ich. Zwischen der Kunststunde und mir liegen außerdem noch vier Stunden, denn immerhin in den ersten beiden Stunden findet der DaF-Unterricht mit den Willkommenskindern statt und in den nachfolgenden zwei lerne ich als neue Deutschlehrerin die 5f kennen.

Ein Gong kündet an, dass in fünf Minuten die erste Stunde beginnt. Aber wo muss ich eigentlich hin? Auf dem Raumplan, der an der Tür aushängt, suche ich nach dem Klassenzimmer mit der Nummer, die auf meinem Stundenplan ausgewiesen ist. Meine Suche wird unterbrochen, als die Tür von außen geöffnet wird und Herr Holz hereinkommt. Wieder trägt er ein breites Grinsen zur Schau und guckt mich aus halb geschlossenen Lidern an: »Guten Morgen, Frau Strofe. Finden Sie sich zurecht?« Ich zögere kurz mit meiner Antwort. Zwar verstehe ich natürlich, *was* Herr Holz sagt, aber *wie* er es sagt, irritiert mich erneut. Durch sein Dauergrinsen bekommt das Gesagte einen Unterton, der mir unangenehm ist. Es schwingt eine schwer zu beschreibende Mischung aus Ironie, Spott, Besserwisserei und Gleichgültigkeit mit. Herr Holz blickt mich erwartungsvoll an, seine Mundwinkel reichen von einem Ohr bis zum anderen. »Guten Morgen«, bringe ich schließlich unsicher hervor. »Ich bin noch auf der Suche nach Raum 151.« Entgegen allen anatomischen Möglichkeiten wird Herrn Holz' undurchsichtiges Schmunzeln noch breiter. »Ah ja, da müssen Sie in den Neubau, erste Etage rechts.« In der Hoffnung, nicht auf den Arm genommen zu werden, bedanke ich mich, schiebe mich an dem Konrektor vorbei und eile über den Hof ins gegenüberliegende Gebäude.

Zeitgleich mit dem Stundenklingeln erreiche ich das Klassenzimmer, vor dem vier Mädchen warten und mich sofort neugierig mustern. Ich begrüße sie freundlich und schließe die Tür auf. Nachdem sich alle einen Platz gesucht haben, starten wir mit einer kleinen Vorstellungsrunde. Dabei kann ich mir einerseits einen ersten Eindruck von den sprachlichen Fähigkeiten der Kinder machen und andererseits die Zeit überbrücken, welche die anderen sieben Kinder, die noch auf meiner Schülerliste stehen, offenbar benötigen, um den Raum zu finden. Am ersten Schultag läuft eben noch nicht alles rund. Ich erfahre, dass die Mädels aus Nigeria, Syrien, Serbien und Moldawien stammen und zwischen acht und zwölf Jahre alt sind. Wie lange sie schon in Deutschland leben, können sie mir nicht sagen. Zeit spielt für Kinder eine untergeordnete Rolle, und ihr subjektives Empfinden davon stimmt nur selten mit dem Erwachsener überein. Apropos Zeit: Als aber nach zehn Minuten noch immer keine weiteren Schüler eingetroffen sind, beginne ich mit meinem geplanten Unterricht für die Doppelstunde. Selbstbewusst klappe ich meinen gut bestückten Materialordner auf und teile den Mädels Arbeitsblätter zum Wortfeld »Essen und Trinken« auf niedrigem Sprachniveau aus. Bei diesem Thema können die Kids über ihr Lieblingsessen und bekannte Gerichte aus ihren Herkunftsländern sprechen, Begriffsbezeichnungen auf Deutsch lernen, Rezepte schreiben und die Rolle als Gast bzw. Kellner bei einem kleinen Café-Spiel einnehmen. Ich habe alles genau durchdacht, es kann also gar nichts schiefgehen, zumal die Lerngruppe heute ja lediglich aus vier Kindern besteht.

Wir lesen zusammen die Aufgaben. Die Kinder sollen die auf dem Blatt befindlichen Lebensmittelbezeichnungen wie »Apfel« und »Kuchen« durch einen Strich mit den richtigen Bildern auf dem Blatt verbinden. Anschließend sollen sie ein Ranking dazu erstellen, welche Lebensmittel sie persönlich am liebsten mögen. Zum Schluss schreiben sie ihr Lieblingsgericht auf und versuchen, die dafür benötigten Zutaten auf Deutsch aufzuschreiben. Die zehnjährige Ivanka, ein blondes Mädchen mit Blumenkleid und wachen Augen, meldet sich. »Frau Strofe, das kann ich alles schon«, informiert sie mich mit osteuropäischem Akzent, aber einwandfreier Grammatik. »Das ist ja toll!«, sage ich mit gespielter Begeisterung. »Dann bist du bestimmt schnell fertig und ich gucke mir deine Lösungen gleich an, okay?« Sie nickt eifrig und beugt sich mit ihrem Stift tief über das Blatt.

Da zeigt auch schon Latoya aus Nigeria mit Hilfe suchendem Blick auf. Ich gehe neben der Neunjährigen in die Hocke und frage, wie ich ihr helfen kann. »Ich kann nicht lesen this, I don't understand anything«, sagt sie in quengelndem Tonfall. Ihr Akzent hat die Färbung englischsprachiger Afrikaner. »Kein Problem«, versichere ich ihr, jedes Wort langsam und deutlich aussprechend. »Verstehst du mich, wenn ich deutsch spreche?« Sie nickt, schaut aber weiterhin unglücklich drein. Ich erkläre ihr den Arbeitsauftrag erneut und suche das erste Wort-Bild-Paar mit ihr gemeinsam heraus. Als ich ein Schnipsen höre, schaue ich auf. Ivanka winkt mir mit dem fertig ausgefüllten Arbeitsblatt. Ich lasse Latoya allein weiterarbeiten und gehe zu Ivanka hinüber.

Auf dem Weg sehe ich, dass Fatma, mit zwölf Jahren die bislang Älteste in der Gruppe, den Kopf auf einen Arm gelegt, Blumen auf den Rand ihres Collegeblocks malt. Ich bleibe vor ihr stehen. »Bist du schon fertig?«, erkundige ich mich. Umständlich setzt sie sich auf, zupft ihr schwarzes Kopftuch zurecht und sagt: »Nein. Aber das für kleine Kinder. Und ich sehr müde. Nacht wieder viel weinen die Babys.« – »Okay, Fatma«, sage ich ruhig, »dann mach die Aufgaben einfach ganz langsam. Die sind auch nicht schwerer als Blumen malen. So eine Aufgabe für kleine Kinder kannst du doch.« Ich zwinkere ihr aufmunternd zu. Ivanka schnipst wieder, ich nehme ihr Blatt in die Hand und sehe mir die Ergebnisse an. Das Mädchen hat, abgesehen von ein paar Rechtschreibfehlern, alles richtig gemacht. Mist. Also nein, das ist natürlich super, aber die anderen Kinder sind noch, sofern sie überhaupt arbeiten, bei der allerersten Aufgabe. Ich grüble fieberhaft, was ich Ivanka jetzt zu tun geben kann, da ertönt erneut Latoyas frustrierte Stimme: »I don't know that! This is too hard!« Sie knallt ihren Stift auf den Tisch, zieht eine Schnute und verschränkt die Arme vor der Brust. »Ich helfe dir gleich. Bitte warte einen Moment, ich spreche noch mit Ivanka«, antworte ich. Latoya schnaubt verächtlich. »Jaja, immer ich warten, immer ich Letzte. That's typical of white people.« Erschrocken lasse ich Ivankas Blatt zurück auf ihren Tisch fallen. Habe ich Latoya gerade richtig verstanden?

»Frau Strofe, was soll ich jetzt machen?«, unterbricht Ivanka meine sich überschlagenden Gedanken. »Warte mal kurz«, weise ich sie an und will zu Latoya gehen, um klarzustellen, dass sich die Abfolge, in der Schüler an die Reihe kommen, bei dieser Aufgabe nach dem Zeitpunkt ihrer Meldung richtet und selbstverständlich nicht nach ihrer Hautfarbe. »Aber du hast doch gerade *meine* Blatt geguckt und gesagt, *ich* bin dran jetzt«, wirft Ivanka empört ein und hat damit auch recht. »Das hast du super gemacht, Ivanka«, lobe ich sie daher, schaue noch einmal auf ihr

Blatt und versuche, ihr notiertes Lieblingsessen »Karađorđeva šnicla« richtig auszusprechen. Sie kringelt sich vor Lachen. Ich bitte sie, noch weitere Lieblingsgerichte und deren Zutaten so weit wie möglich aufzuschreiben, was sie in Erwartung meiner neuerlichen falschen Aussprache gern in Angriff nimmt. Erleichtert, dass ich eine sinnvolle Beschäftigung für die kleine Überfliegerin gefunden habe, setze ich mich neben Latoya. Auf Nachfrage erzählt sie mir auf Englisch, dass ihre Mutter sie vor dem Umgang mit weißen Menschen warnt. Sie solle ihnen nicht zu viel Vertrauen schenken, denn sie benachteiligten und unterdrückten Schwarze, die sie für dumm und hässlich hielten, wo sie nur könnten. Weiße seien Bullys und Egoisten, noch dazu arrogant, oberflächlich und mochten keine Kinder, deshalb hätten sie auch nur so wenige.

Wie wohl alle angehenden Lehrer habe ich sowohl in der Uni als auch im Referendariat an mehreren obligatorischen Antirassismus-Workshops und -Seminaren teilgenommen. Dabei stand allerdings stets der jugendliche, meist männliche, weiße Neonazi im Fadenkreuz. Da gehört er natürlich auch hin. Aber jetzt muss ich einsehen, dass die redlichen Bemühungen der Seminarleiter um die Bekämpfung rassistischer Ressentiments und Klischees, zumindest bei mir, zur Entstehung eines weiteren Stereotyps geführt haben: Nämlich eben dem des jugendlichen, meist männlichen, weißen Neonazis. Dass auch andere Bevölkerungsgruppen rassistisches Gedankengut hegen können, kam mir gar nicht in den Sinn. Verdammt, bin ich jetzt etwa rassistisch, weil ich People of Color keinen Rassismus zutraue? Überfordert und zugegeben auch ein bisschen beleidigt hocke ich neben Latoya, die mich herausfordernd anschaut.

Weil mir nichts Besseres einfällt und ich mit einer Neunjährigen keine sachliche Diskussion, zumindest nicht augenblicklich, über das Thema führen kann, versuche ich es über die emotionale Schiene. Ich sage ihr, dass ihre Äußerungen mich traurig machen, weil ich kein arroganter, egoistischer Kinderhasser bin oder sein möchte. Dass ich vielmehr Lehrerin geworden bin, weil ich Kinder gerne mag und mein Wissen mit ihnen teilen möchte, unabhängig von ihrer Hautfarbe. Und dass ich schwarze Menschen weder für dumm noch für hässlich halte, sondern im Gegenteil im Sommer viele Stunden lang für ein bisschen braunere Haut in der Sonne schwitzen muss. Da kichert Latoya. Ich ermuntere sie dazu, weiterzuarbeiten und sich nicht gleich frustrieren zu lassen, wenn sie Aufgaben nicht sofort lösen kann.

Bei einem Blick auf ihren Nachbartisch, den die achtjährige Anastasia mit durchgestrecktem Rücken und konzentrierter Miene besetzt, springt mir deren Schriftbild ins Auge. »Das ist ja eine schöne Handschrift!«, sage ich und bin ehrlich beeindruckt von den sorgfältigen, feingliedrigen Buchstaben, die an Sütterlin erinnern. Prompt reagiert Anastasia auf meine Ansprache, indem sie den Stift fallen lässt und ihre Hände flach neben das Arbeitsblatt auf den Tisch legt. »Danke, Frau Lehrerin«, erwidert sie mit devot gesenktem Haupt und niedergeschlagenen Lidern. Beinahe lache ich angesichts dieses anachronistisch zur Schau gestellten Respekts einer Lehrkraft gegenüber laut auf. »Wo hast du gelernt, so schön zu schreiben?«, schließe ich lächelnd an. »In Moldavija, Frau Lehrerin. Ich hatte Deutsch in Schule in Moldavija«, informiert sie mich höflichst und in ähnlichem Akzent, wie Ivanka ihn spricht.

Ich hatte keinen blassen Schimmer, dass Schulen in Moldawien Deutsch unterrichten, und frage nun sicherheitshalber auch meine anderen Schützlinge, ob bei ihnen Deutsch in der Schule auf dem Plan stand. Alle verneinen, besonders Latoya, von der ich erfahre, dass sie in Nigeria überhaupt keine Schule besucht hat. Neugierig wende ich mich wieder an Anastasia: »Was habt ihr denn so gelernt in Deutsch?« – »Fontane, Frau Lehrerin«, gibt die Achtjährige Auskunft. »Nein!«, rufe ich ungläubig aus. »Darf ich sprechen, bitte?«, fragt Anastasia, der offenbar ein Fontane-Beweis auf der Zunge brennt. Auf meine einladende Geste hin steht sie auf und zitiert aus dem Gedächtnis: »Herr von Ribbeck auf Ribbeck im Havelland, Ein Birnbaum in seinem Garten stand, Und kam die goldene Herbsteszeit Und die Birnen leuchteten weit und breit, Da stopfte, wenn's Mittag vom Turme scholl …« Das Kind gibt das komplette Gedicht in angemessener Betonung und, soweit es das beurteilen kann, da ich als Frau Lehrerin es *nicht* auswendig kenne, fehlerfrei wieder. Als sie fertig ist, bin ich erst mal sprachlos. Auch die anderen Mädels haben gespannt gelauscht, obwohl sie sicherlich kaum etwas verstanden haben. »Darf ich sitzen, bitte, Frau Lehrerin?«, fragt Anastasia zurückhaltend. Ich nicke, und sie nimmt wieder Platz, die Hände erneut flach auf den Tisch gelegt. Ach, wie schön muss das Lehrerleben vor 100 Jahren gewesen sein, als so gut wie alle Schüler sich derart fügsam betrugen – wenn man die Sache mit dem damals üblichen Rohrstock als Mittel der Überredungskunst außer Acht lässt, natürlich …

»Das hast du super gemacht«, bringe ich endlich das verdiente Lob heraus. »Und sag einfach Frau Strofe und nicht Frau Lehrerin, okay? Ich *weiß* ja, dass ich Lehrerin bin«, scherze ich. Da zuckt ein kokettes Grinsen in Anastasias Mundwinkeln. Fragend schaue ich sie an. »Sie *wissen* aber auch, dass Sie sind

Frau Strofe«, gibt das Mädchen zu bedenken, und da verliebe ich mich vollends in das kluge, kleine Köpfchen.

Nach der Doppelstunde ist es Zeit für mein Notfall-Deo in der Handtasche. Natürlich ist eine Lerngruppe mit lediglich vier Schülern der Wunschtraum eines jedes Pädagogen, aber wenn diese vier auf völlig unterschiedlichen Niveaus Deutsch sprechen und verstehen, erfordert der Lehrerjob vollen Körpereinsatz. Und zwar buchstäblich, denn wie, wenn nicht mit Zeichensprache und Mimikry, soll ich den Kindern die Bedeutung ihnen unbekannter Wörter klarmachen? Die Mädchen hatten freilich Spaß an den so entstandenen Ratespielen, aber ich ahne, dass es verdammt schwierig sein wird, sie alle entsprechend ihren Bedürfnissen individuell zu fördern und auf einen gemeinsamen Leistungsstand zu bringen. Auch, weil manche Sprachen, zum Beispiel vom Satzbau her, dem Deutschen ähnlicher sind als andere. Das kann es Ivanka aus Serbien leichter machen, Deutsch zu lernen, als Fatma aus Syrien. Und natürlich sind auch die allgemeinen Bildungsvoraussetzungen der Kinder unterschiedlich. Während Anastasia schon profunde Schulbildung vorweisen kann, ist für Latoya Schule generell Neuland. Die Willkommensklassen, die in Deutschland seit dem großen Zuwanderstrom 2015 eingerichtet wurden, sind meiner Meinung nach zwar ein löblicher Versuch, Bildungschancen deutscher und nichtdeutscher Kinder anzugleichen. Wer beim Deutschlernen aber aus Gründen wie beispielsweise den eben geschilderten nicht mithalten kann, verliert schnell den *An*schluss und damit vielleicht auch die Möglichkeit zu einem *Ab*schluss.

Doch genug Systemkritik, zumindest fürs Erste. Frisch deodoriert und mit lauwarmen Resten aus der Kaffeekanne im

Lehrerzimmer gestärkt, pendle ich zurück in den Altbau, um die berühmt-berüchtigte 5f kennenzulernen. Auf dem mit umherrennenden Schülern gesprenkelten Hof kommt mir Dr. Altmann entgegen. »Guten Morgen, Frau Strafe!«, begrüßt er mich herzlich. »Ihnen auch einen guten Morgen, Dr. Altmann. Mein Name ist übrigens Strofe«, antworte ich augenzwinkernd. »Ach Mensch, das habe ich glatt verwechselt. Ich bin gerade auf dem Weg in mein Büro und war so in Gedanken vertieft ...«, erklärt sich der Direktor. »Gar kein Problem, das passiert doch jedem mal«, versichere ich ihm. Dann fällt mir auf, dass Altmann Richtung Neubau unterwegs ist. »Ähm, Sie gehen gerade also in *Ihr* Büro?«, vergewissere ich mich seiner vorherigen Aussage. »Auf direktem Weg!«, bestätigt Altmann fröhlich und salutiert spaßeshalber. »Dann möchten Sie mich vielleicht in den *Alt*bau begleiten?«, versuche ich den Direktor möglichst galant darauf hinzuweisen, wo sich sein Direktorat befindet. Altmann schaut sich orientierungslos um, als wäre er erst just in diesem Moment durch Zauberhand auf den Schulhof gebeamt worden. »Nichts lieber als das«, antwortet er nonchalant. Schweigend gehen wir Seite an Seite zu dem Gebäude. Vor seinem Büro, das gleich am Eingang liegt, verabschiede ich mich, und auch er wünscht »noch einen schönen Tag, Frau Strafe!«.

Ich biege ins Treppenhaus ein und erklimme die Stufen in den zweiten Stock zum Klassenzimmer der 5f. Zwar dauert die Hofpause noch an, aber ich will die verbleibenden Minuten nutzen, um schon einmal die Ausstattung des Raumes in Augenschein zu nehmen. Die Zeit hätte ich mir auch sparen können, wird mir schon beim ersten Blick in Raum 666 klar. Die Wände sind abgesehen von kleineren Edding-Schmierereien kahl. Außer einer museumsreifen, vollgekrakelten Kreidetafel gibt es keinerlei sogenannte »technische Hilfsmittel«. Kein Smartboard, kein Beamer, nicht mal einen guten, alten Overhead-Projektor. Was es dagegen im Überfluss gibt, sind die traurigen Reste der Überflussgesellschaft. Der Boden ist übersät mit Abfall. Von Biomüll wie Kerngehäusen und halb gegessenen Broten über Papier- und Plastikunrat in Form von Alufolienbällchen, leeren Trinkpäckchen und zerrissenen Matheaufgaben bis hin zu Sondermüll (alte Batterien) ist alles dabei. Für das sich ergebene Bild des Grauens können die Kids nicht verantwortlich sein, denke ich mir, während ich durch das Müllmeer zum Lehrertisch wate. Das neue Schuljahr ist doch erst zwei Stunden alt, und in dieser kurzen Zeit erscheint es mir unmöglich, eine derartige Schneise der Verwüstung zu hinterlassen.

Das Zimmer muss absichtlich so präpariert worden sein, vermute ich. Wahrscheinlich hat sich zum Schulstart ein Bildungsbeauftragter der Stadtreinigung für eine anschauliche Lehrstunde zum Thema Mülltrennung angekündigt und ich habe den dazugehörigen Aushang im Lehrerzimmer übersehen. Für die These spricht auch, dass in den blauen, braunen und gelben Papierkörben vor der Tafel gähnende Leere herrscht. Dorthinein sollen die Schüler bestimmt gleich den eigens für den interaktiven Unterricht verstreuten Abfall sortieren.

Nachdem ich mich von meinem ersten Schreck erholt und meine Sachen ausgepackt habe, halte ich nach dem Tafelschwamm Ausschau und finde ihn schließlich in einer hinteren Ecke des Klassenraums auf dem, wo auch sonst, Fußboden. Ich wische Kritzeleien und schriftliches Divisionsverfahren weg, angle nach erneuter Suche unter dem Stuhl eines Schülers ein Stückchen Kreide hervor und schreibe meinen Namen an die Tafel. Damit auch die Kinder in den letzten Reihen gut den Namen ihrer neuen, supercoolen Deutschlehrerin lesen können, schiebe ich die Tafel nach oben. Im Einklang mit dem Klingeln zum Pausenende senkt sie sich mit einem altersschwachen Quietschen langsam wieder ab. Erneut schiebe ich sie aufwärts und halte sie einen Moment fest, bevor ich sie vorsichtig wieder loslasse. Unbeeindruckt von der sanften Sonderbehandlung gleitet sie ächzend nach unten. Beleidigt wiederhole ich die Prozedur noch einige Male, aber das blöde Ding gehorcht mir einfach nicht.

Apropos Ungehorsam: Gerade stürmt der erste Schüler herein. »Was das?! Neue Lehrerin oder was?«, bellt er mit ausgestreckten Armen weniger zu mir als in den leeren Raum. Er übertönt die Antwort, zu der ich angesetzt habe, indem er geräuschvoll Schleim hochzieht und eine grün glänzende Brosche auf den Boden rotzt. »Alter, was geht denn bei dir?!«, entfährt es mir, ohne an meine Rolle als sprachliches Vorbild zu denken. Der schwarzhaarige Junge, der einen halben Kopf größer ist als ich, lupft in unschuldiger Geste die zusammengewachsenen Augenbrauen. »Wo soll ich denn sonst damit hin?«, fragt er empört mit Blick auf seine Absonderung. »Vielleicht in ein Taschentuch oder wenigstens in den Mülleimer? Darin ist Platz genug!«, schlage ich gereizt vor. Mit einem abschätzigen »Tsss« bringt das selbstbewusste Kind seine Ablehnung zum Ausdruck und lässt sich unbeeindruckt auf einen Stuhl in der vorletzten Sitzreihe plumpsen. Bevor ich etwas erwidern kann, drängt eine Meute Schüler herein, die bei meinem Anblick umgehend in aufgeregtes Geschrei ausbricht. Ich spüre ein unangenehmes Ziehen im Trommelfell. Ob Frau Weihe in einem der Schränke eventuell ein zweites Paar Ohrenschützer deponiert hat?

Es läutet zum Unterrichtsbeginn, und ich atme in Erwartung eines sinkenden Lärmpegels auf. Doch für die Fünftklässler ist die Stundenklingel nicht mehr als eine unbedeutende Geräuschquelle, die sie spielend mit ihrem Gebrüll übertönen. In aller Seelenruhe packen die Kids ihre Brotdosen und Getränkeflaschen aus, die sie offensichtlich nicht mit in die Hofpause genommen haben. Ein blonder, schmächtiger Junge, der sich entspannt auf dem breiten Fensterbrett postiert hat, reißt achtlos eine Chipstüte auf, deren halber Inhalt sich prompt auf dem Boden verteilt. Wie auf Kommando springen einige dem Zerstörungswahn anheimgefallenen Mitschüler herbei und zertreten johlend die knusprigen Kalorienbomben. Drei Mädels mit identisch gebundenen Pferdeschwänzen und den gleichen winzigen Handtäschchen mit gefälschten Designerlogos um die Schultern marschieren derweil zielsicher durch die Tür auf den Schulflur hinaus.

Da erwache ich aus meiner Schockstarre und nehme die Verfolgung der jungen Damen auf. »Wo wollt ihr denn jetzt hin? Es hat schon vor Minuten zur Stunde geklingelt!«, blaffe ich das Trio an. »Na, Toilette!«, blafft eine der Präpubertierenden zurück, als erklärte sich das von selbst und ich sei schwer von Kapee. Ich stemme die Hände in die Hüften. »Es muss heißen ›*Wir gehen auf die* Toilette.‹ Bei eurer Antwort fehlen also Personalpronomen, Prädikat, Präposition und Artikel. Und genau darum geht ihr jetzt nicht aufs Klo, sondern in den Deutschunterricht. Den braucht ihr nämlich offensichtlich.« Begleitet von theatralischem Stöhnen machen die drei auf dem Absatz kehrt und schlurfen in die Klasse zurück. Ich schmeiße die Tür hinter mir zu und lenke durch den lauten Knall endlich die Aufmerksamkeit auf mich. »Ab auf eure Plätze!«, kläffe ich durch den Raum. Ich spüre, wie meine Schlagader am Hals pulsiert. Tatsächlich lösen sich die kleinen Grüppchen nun auf und die Kinder setzen sich an ihre Tische. Die Lust auf mein vorbereitetes Kennenlern-Spielchen ist mir gehörig vergangen. Stattdessen nenne ich bloß meinen Namen und weise die Kinder an, Namensschilder anzufertigen und vor sich aufzustellen. Sogleich tauschen alle feixende Blicke untereinander. »Wer einen falschen Namen aufschreibt, bekommt heute Nachmittag einen Elternanruf«, versuche ich in harschem Tonfall die Pläne der Rasselbande zu durchkreuzen. »Mach doch, meine Eltern sprechen eh nur arabisch«, gibt der buchstäbliche Rotzbengel, dessen Schleimpfropfen noch auf dem Boden vor sich hin schimmert, frech zur Auskunft. »La muschkila«, also *kein Problem*, pariere ich achselzuckend. Gesegnet sei die Shisha-Bar, in der ich mich manchmal mit Freunden auf eine Wasserpfeife oder ein Schawarma treffe. Die Servietten des Lokals sind mit arabischen Redewendungen bedruckt.

Die Kinder staunen nicht schlecht über meine angeblich elaborierten Sprachkenntnisse. »Boah, krass!«, »Sag noch mehr Arabisch!«, »Welche Sprachen kannst du noch?«, quatschen sie aufgeregt durcheinander. Ich winke entschieden ab. »Wir sind hier im *Deutsch*unterricht, und da sprechen wir Deutsch. Unterhaltungen in anderen Sprachen führe ich nur nach Feierabend«, sage ich lässig, wobei ich mich ziemlich cool und souverän finde. Die Schüler sehen das wohl ähnlich, zumindest beginnen jetzt die meisten mit ihrem Namensschild. Eine Handvoll Kids muss von anderen ein Blatt Papier erbetteln. »Wieso habt ihr keinen eigenen Schreibblock dabei?«, erkundige ich mich bei den Schnorrern. »Ich wusste ja nicht, dass wir was aufschreiben müssen!«, schallt es mir fast unisono vorwurfsvoll entgegen. Wollen die mich verscheißern oder meinen die das ernst? Wie auch immer, ich habe keine Zeit für Diskussionen, sondern schon die nächste Baustelle im Visier. In der hintersten Reihe piken sich zwei übergewichtige Jungs gegenseitig mit hölzernen Eisstielen und stoßen dabei kurze Schmerzensschreie aus. Entgegen meiner Erwartung lassen sie die Stiele nicht unter dem Tisch verschwinden, als sie mich näherkommen sehen, sondern gehen ihrem Spiel gänzlich unbeeindruckt weiter nach. Indem ich den ausgestreckten Arm zwischen die beiden Schwertkämpfer halte, unterbinde ich ihr Duell. »Ihr habt ja noch gar nichts ausgepackt!«, sage ich ungeduldig und zeige streng auf ihren leeren Tisch. »Machen wir auch nicht. Schule ist scheiße«, konstatiert der Beleibtere sachlich. Das Sommersprossengesicht neben ihm setzt ein Grinsen zwischen Selbstgefälligkeit und Debilität auf.

Warum erscheint mir plötzlich Herr Holz vor dem geistigen Auge? Ich verscheuche den Gedanken, baue mich drohend vor den zwei Widerspenstigen auf und will ihnen gerade eine Ansage machen, da dringt ein helles Stimmchen an mein Ohr: »Das kannst du dir sparen. Aragorn und Johannes machen *nie* im Unterricht mit.« Verdattert schaue ich mich nach der unsichtbaren Informantin um. Da bemerke ich, dass der kleine Einzeltisch in der letzten Ecke des Raumes gar nicht, wie angenommen, unbesetzt ist. Darunter nämlich sitzt im Schneidersitz ein Mädchen, von der ich von meiner Position aus nur die untere Gesichtshälfte sehe. In den Händen vor ihrem Schoß hält sie ein Himmel-und-Hölle-Spiel aus buntem Kartonagenpapier. »Alles in Ordnung bei dir?«, frage ich, während ich vor ihr in die Hocke gehe. »Ja. Ich bin Cora. Spielst du mit mir Himmel und Hölle?«, piepst die Kleine und rückt auf dem Hintern über den Boden rutschend näher an mich heran. Nun sehe ich auch die obere Hälfte ihres Gesichts und erschrecke regelrecht angesichts seiner makellosen Schönheit. Dunkelblonde Korkenzieherlocken umrahmen ihr ovales, sommerlich gebräuntes Gesicht, die vollen Lippen umspielt ein versonnenes Lächeln. Aus großen, olivgrünen Augen schaut sie zu mir empor, ihr Blick ist freundlich, aber irgendwie glasig und verklärt. »Kann ich was maaalen?«, bittet sie jetzt gedehnt und hat ihre vorherige Frage anscheinend schon wieder vergessen. Wenn ihre Augen gerötet wären, würde ich wetten, sie ist bekifft. »Ja, und zwar dein Namensschild!«, komme ich endlich aufs Thema zurück und ziehe Cora sanft nach oben auf ihren Stuhl. »Sitzt du immer hier hinten allein?«, frage ich noch kurz, bevor ich mich dringend einer sich schon länger meldenden Schülerin widmen muss. »Ja. Ich kann nicht so gut mit anderen. Aber ich habe Bonbons dabei, möchtest du einen?« Ich schüttle den Kopf und bezweifle, dass Cora derart isoliert in der Klasse sitzen muss. Okay, sie ist seltsam, aber doch nicht so sehr, dass sie keine Sitznachbarn haben kann?!

Das Mädel ein paar Reihen weiter, das mittlerweile ungeduldig mit den Fingern schnipst, hat ein Problem. Sie hat ihren Namen über das komplette DIN-A4-Blatt geschrieben und weiß nicht, wie sie es nun knicken soll, sodass das Namensschild aufrecht steht und »Samira« gleichzeitig noch zu lesen ist. Ich rolle innerlich die Augen über die Unbedachtheit der immerhin bereits Zehnjährigen und werfe auf der Suche nach einem gelungenen Beispiel für ein Namensschild einen Blick auf die umliegenden Tische. Ungläubig stelle ich fest, dass viele Kinder ähnliche Schwierigkeiten wie Samira haben. Also stelle ich mich mit einem Blatt vorn an die Tafel und demonstriere daran, wie man ein Blatt längs oder quer in der Mitte faltet, damit es aufgestellt werden kann. Ich bin maximal erstaunt darüber, dass die

Fünftklässler nicht eigenständig ein Namensschild produzieren können.

*Mal kurz raus aus der Geschichte, denn ich möchte was Wichtiges anmerken: Ich will nicht über die Kinder* ***lästern****. Ich stelle bloß alarmiert fest, dass ihnen immer häufiger fundamentale Fähigkeiten und Problemlösungsstrategien fehlen. Dadurch sind sie sehr schnell überfordert und unselbstständig. Und dadurch wiederum fällt ihnen das Lernen schwer. Ein Beispiel: Ich gehe in der Klasse herum und gebe ein Arbeitsblatt aus. Sofort meldet sich ein Junge. »Ich weiß nicht, was ich machen soll!«, sagt er nüchtern. »Hast du denn schon die Aufgabe gelesen?«, frage ich, während ich weiter austeile. »Nein«, antwortet der Fünftklässler leichthin. Sein erwartungsvoller Blick ruht immer noch auf mir, er hat die in meiner Frage steckende Handlungsaufforderung nicht verstanden. Ich seufze. »In der Aufgabe steht, was du tun sollst. Lies die Aufgabe.« – »Okay«, kommt zurück und das Kind beginnt mit dem Lesen. So was passiert ständig. Den Kindern fallen die naheliegendsten und logischsten Arbeitsschritte nicht ein.*

Ich muss schließlich die ganze restliche Stunde in das Basteln von Namensschildern investieren. Die nun ertönende Pausenklingel verschafft mir keine Entspannung, aber dafür die Gelegenheit für Social Networking. Ich bleibe, wie die Schüler in kurzen Pausen ebenfalls, im Klassenraum und blättere vorgeblich beschäftigt im Klassenbuch. Die meisten Kinder sind natürlich neugierig und wollen die neue Lehrerin auschecken. Vereinzelt oder in Paaren trauen sie sich an den Lehrertisch und verwickeln mich ungelenk in kurze Gespräche. Das ist süß, und ich gewinne von den Kindern einen viel freundlicheren Eindruck als noch vor wenigen Minuten im Unterricht. Nur Aragorn und Johannes zeigen mir die kalte Schulter. Und sogar

Momo, der Rotzlöffel, kommt zu mir rüber. »Ey, wegen vorhin war nicht okay von mir, tut mir leid, ja. Ich hab den Fleck weggemacht«, kommt er direkt zur Sache. Ich bin beeindruckt – mit Entschuldigungen haben sogar viele Erwachsene noch Schwierigkeiten, aber der Fünftklässler Momo ist da bewundernswert unbefangen. Wobei er mit seinem dunklen Oberlippenflaum und circa 170 cm Körperlänge wahrlich nicht wie ein Grundschüler aussieht.

Ich stehe auf, und wir besiegeln per Handschlag unsere Versöhnung. »Coole Entschuldigung, danke, Momo. Und sag mal: Kommst du zufällig aus einer Basketballer-Familie? Ich habe noch nie einen Fünftklässler gesehen, der größer ist als ich.« Momo lacht freundlich. »Nix Basketball, Frau Strofe. Ich bin einfach schon vierzehn.« – »Vierzehn?!«, echoe ich baff. »Wieso bist du denn erst in der Fünften, Momo?« Der Junge neigt abwägend den Kopf von rechts nach links und sagt schließlich mit schelmischem Lächeln: »Ach weißt du, hat einfach nicht so gut geklappt mit mir und Schule bisher.« Auch ich muss grinsen, der Junge hat Humor.

Die Schulklingel läutet die zweite Hälfte der Doppelstunde ein. Sofort wechseln die Kids, mit denen ich in der Pause eben noch so nett plaudern konnte, wieder in einen renitenten Modus. Minutenlang muss ich darum kämpfen, dass alle ihre Plätze einnehmen, Essen und Trinken vom Tisch räumen und ihre Gespräche einstellen. Die Kinder basteln ihre Namensschilder endlich fertig, was mit nun rund 50 Minuten exakt zehnmal so lang dauert wie von mir ursprünglich veranschlagt war. Dann kann ich endlich dazu übergehen, mir ein Bild vom Vorwissen der Schüler zu machen, und stelle in Form eines Rätselspiels einfache Fragen zu Groß- und Kleinschreibung, Kommasetzung und Wortarten. Auch hier habe ich mich vorab zeitlich gehörig verkalkuliert, wird mir schnell klar. Die Kinder kennen kaum eine richtige Antwort, obwohl die abgefragten Themen bereits seit Jahren auf dem Lehrplan stehen. »Bei wem hattet ihr eigentlich vorher Deutsch?«, frage ich in die Runde. »Frau Weihe!«, ruft Momo. Ich nicke knapp und denke an Bines Geschichte über Frau Weihes gehäufte Fehlzeiten.

Nur Malina und Liesa, die sich einen Tisch in der ersten Reihe teilen, reißen sich bei ihren eifrigen Meldungen auf jede einzelne Frage hin fast den Arm aus und kennen immer die richtige Lösung. Sie sind offensichtlich unterfordert, aber warten geduldig ab, bis ich ihren Mitschülern – wenn diese sich überhaupt zum Zuhören überreden lassen – die Antworten mühsam erklärt habe. Mit wachsendem Ärger nehme ich zur Kenntnis, dass die guten Leistungen der beiden Überfliegerinnen von der übrigen Klasse *nicht* goutiert werden. Jede Wortmeldung der zwei wird mit »Streber«, »Klugscheißer« und weiteren unschmeichelhaften Titulierungen kommentiert. Ich schelte die Stänkerer, aber bekomme die 5f einfach nicht in den Griff. Ich ermahne, bitte, drohe, bettle. Doch immer, wenn ich in einer Ecke der Klasse für Ruhe gesorgt habe, entstehen in der anderen Ecke sofort neue Brennpunkte mit Lärm, Streit und Aggression. Nach weiteren 45 sehr langen Minuten werde ich vom Gong erlöst, der mich eher an das Ende eines glücklosen Boxkampfs erinnert als an das einer Unterrichtsstunde. Ich fühle mich auf jeden Fall mindestens so zerschlagen wie Axel Schulz nach Runde zwölf, falls er jemals so weit gekommen ist. Ich verabschiede mich heiser und schleppe mich erschöpft ins Lehrerzimmer. Eigentlich hatte ich mir fest vorgenommen, die Kids noch das Chaos auf dem Fußboden beseitigen zu lassen, aber mir fehlt schlicht die Kraft für die zwangsläufig damit einhergehenden Diskussionen.

Zum Durchatmen komme ich auch jetzt nicht, denn gleich steht die Vertretungsstunde in Kunst an. An vielen Schulen geben erkrankte Kollegen via Mail oder Telefon durch, was im Unterricht gemacht werden soll. Das ist sinnvoll, für Schüler und Vertretungslehrer gleichermaßen. Es wird Sie nicht wundern, dass es an der *Kaspar Hauser* freilich anders läuft. Wenn ein Lehrer sich hier krankmeldet, kann er entspannt die volle Aufmerksamkeit seiner Genesung widmen. Deutlich weniger entspannt ist währenddessen der Vertretungslehrer: Aktuell frage ich mich im Kollegium durch, ob jemand weiß, welches Thema die 4a in Kunst behandeln soll. Vergeblich. Mist, gleich ist die Pause schon wieder vorbei und ich brauche noch irgendein Arbeitsmaterial für die Kinder. Der Vertretungsstunden-Ordner ist nach wie vor leer. Auf Tipp einer Kollegin laufe ich ein Stockwerk hoch in den menschenleeren Flur zum Kunstsaal, wo ich wenigstens buntes Papier und Bastelzeug holen kann. Beziehungsweise *könnte*, wenn ich denn den passenden Schlüssel hätte. Entnervt gebe ich der Tür einen schmerzhaften Tritt und humple eilig die Stufen wieder abwärts, um es noch pünktlich in den Neubau zu schaffen. Dann kommt statt der 5f eben die 4a in den Genuss meines Kennenlernspiels, entscheide ich auf meinem Weg über den Hof. Die dazugehörigen Steckbrief-Vorlagen habe ich ja sowieso im Gepäck. In der Mitte des Blatts prangt außerdem eine grobe Körperskizze, welche die Kinder entsprechend ihres eigenen Aussehens weiterzeichnen sollen – das muss als künstlerischer Aspekt der Stunde genügen.

Und tatsächlich finden die Kids aus der 4a meine Idee super. Sie sollen zunächst mithilfe der Vorlage einen Steckbrief von sich selbst anfertigen, allerdings ohne ihren Namen aufzuschreiben. Anschließend sollen die Steckbriefe eingesammelt und nach Zufallsprinzip wieder verteilt werden. Die Kinder müssen dann herausfinden, wessen Steckbrief sie gezogen haben. Eifrig machen sich alle an die Arbeit, aber schnell entstehen die ersten Hürden beim Ausfüllen des Steckbriefs: Viele Schüler wissen nicht, wie groß sie sind oder wie ihre Adresse lautet, geschweige denn was eine Postleitzahl ist. Ihnen fallen keine Hobbys ein, und sie können nicht ihre Zubettgehzeit auf einem vorgedruckten, zeigerlosen Ziffernblatt einzeichnen, weil sie bloß noch die Digitaluhren ihrer Smartphones lesen können. Kurzum: Auch in dieser Stunde dauert alles wahnsinnig lang und ist wahnsinnig mühsam. Am Stundenende haben schließlich alle immerhin ihre Steckbriefe fertig, den Rest haben wir nicht geschafft.

Aber *ich* bin geschafft. Und ich habe Feierabend. Müde trotte ich zu meinem Auto, Zimtgeruch in der Nase und einen faden Geschmack auf der Zunge. Ich setze mich auf den Fahrersitz, schließe die Augen und genieße für einen Moment die Stille im Wageninneren. Es ist erst 13 Uhr, aber ich bin bereits fix und fertig. Dafür schelte ich mich, denn ich habe ja bloß fünf Stunden gearbeitet, wohingegen meine Freunde jetzt gerade einmal Mittagspause machen, wie einige nun anführen würden. Doch wenn jede einzelne dieser fünf Stunden so immens viel Energie kostet, ist man logischerweise schnell erschöpft. Zeit ist eben relativ.

KAPITEL 3

# MIT DEM TEUFEL AUF DER TOILETTE

Am nächsten Morgen schlage ich etwas verkatert im Lehrerzimmer auf. Tino hatte mich am gestrigen Abend zur Feier meines ersten Arbeitstags mit einem edlen Tropfen überrascht. Mir war zwar nicht nach Feiern zumute, aber den flüssigen Seelentröster habe ich trotzdem nicht verschmäht und dabei zu tief ins Glas geschaut. Meine Kopfschmerzen werden nach meiner Inspektion des Vertretungsplans noch schlimmer. Es fehlen deutlich mehr Kollegen als gestern. Daher muss ich heute gleich drei Stunden vertreten, wofür natürlich wieder meine DaF-Stunden flöten gehen: Eine Doppelstunde NaWi, also Naturwissenschaften, und, immerhin nicht fachfremd, Deutsch. »Naaa, alles guti?«, dringt die fröhliche Stimme von Bine, die unbemerkt hinter mich getreten ist, an mein Ohr. »Ja, alles super«, antworte ich mit dem Versuch eines tapferen Lächelns. »Echt? Das sieht aber ganz und gar nicht super für dich aus«, entgegnet Bine mitleidig, die nun ihrerseits den Vertretungsplan liest. »Oh, es gibt heute früh wohl wieder langen Stau«, schiebt sie nach und tippt in der Liste der abwesenden Kollegen auf Sörens Namen. Ich zucke fatalistisch mit den Schultern, meine Gedanken kreisen um die Vertretungsstunden. »Weißt du zufällig, was in der sechsten Klasse in NaWi behandelt wird?«, erkundige ich mich. »Dann bereite ich noch schnell was vor.« – »Neee, kommt gar nicht infrage!«, wehrt Bine mein Vorhaben ab. »Mach es wie alle: Lass die Kinder einfach ihre Hausaufgaben machen oder spiel was mit ihnen«, rät sie mir. »Aber laut Stundenplan haben die Schüler ja NaWi und keine Spielstunde …«, gebe ich vorsichtig zu bedenken. Bine setzt ein strenges Gesicht auf und tippt bedeutungsschwanger auf den Bildschirm, über den der Vertretungsplan flimmert. »Du siehst ja, wie viele Lehrer heute fehlen. Und das ist noch gar nichts im Vergleich zum Krankenstand in den Wintermonaten, kannste dir gleich merken. Du wirst *irre*, wenn du für all deine Vertretungsstunden was vorbereitest.« Ich puste die Backen auf bei dem Gedanken, dass ständiges Vertreten für mich zur Regel werden könnte. Trotzdem schmeckt mir Bines Lösungsstrategie nicht, und ich berufe mich auf meinen Bildungsauftrag: »Aber die Kinder lernen doch nichts, wenn ich mit ihnen bloß spiele oder ihnen beim Hausaufgabenmachen zugucke. Dann werden die Kinder in der Schule ja nur *verwahrt.*« Beim letzten Wort zeichne ich mit den Fingern imaginäre Anführungszeichen in die Luft. Bine sieht mich vielsagend an, seufzt schwer und nickt schließlich bedauernd. »Ja, leider ist es …«, setzt sie zu einer Antwort an, wird aber von der lauthals fluchenden Frau Kämpf unterbrochen, die in dieser Sekunde ins Lehrerzimmer poltert.

»Immer die gleiche Scheiße hier!«, schimpft Frau Kämpf aufgebracht und schmeißt ihre Tasche auf ihren Platz. Sofort scharen sich die anwesenden Lehrer um die Wütende und fragen, was passiert ist. »Au ja, klingt nach einer Autogeschichte!«, raunt mir Bine mit wiedererhelltem Gesicht vorfreudig zu und zieht mich am Arm auf Frau Kämpfs Tisch zu. Diese ist bereits am Erzählen: »Ich will mit meinem Auto auf den Lehrerparkplatz fahren, aber wie immer versperrt ein anderer Wagen, aus dem gerade ein paar Kinder steigen, die Einfahrt. Als die Kinder weg sind, gehe ich davon aus, dass der mutmaßliche Vater am Steuer losfährt. Stattdessen beschäftigt er sich aber mit seinem Handy. Um ihn darauf hinzuweisen, dass er im Weg steht, hupe ich kurz und bitte ihn durch eine freundliche Geste, die Einfahrt frei zu machen. Doch der Typ macht bloß eine Armbewegung, als würde er eine Fliege verscheuchen. Heißt wohl, dass ich woanders hinfahren soll. Ich hupe noch mal und wiederhole meine Geste mit mehr Nachdruck, die freche Reaktion ist aber die gleiche. Also steige ich aus und klopfe an seine Scheibe. Der Mann zuckt nicht mal mit der Wimper, sondern starrt bei laufendem Motor einfach weiter auf sein Telefon.« Die Schulglocke unterbricht Frau Kämpf. Allerdings macht sich deshalb keiner hektisch auf in den Unterricht. Die Zuhörer bleiben, wo sie sind, und warten geduldig ab, bis die Klingel verstummt. Von irgendwoher werden Kekse unter den gebannten Zuhörern herumgereicht, ich greife zu und reiche die Packung nach rechts weiter. Erst da bemerke ich, dass Dr. Altmann direkt neben mir steht. »Guten Morgen, Frau Strafe«, flüstert er freundlich, schiebt sich einen Keks in den Mund und lauscht wieder gespannt Frau Kämpfs Bericht. »Ich klopfe und rufe, aber der Kerl ignoriert mich. Da ziehe ich mein Handy aus der Tasche, stelle mich vor sein Auto und aktiviere die Kamera, um das Nummernschild zu fotografieren. Jetzt *bekomme* ich seine Aufmerksamkeit, und zwar mehr als mir lieb ist – denn der Typ macht mit seinem Wagen plötzlich einen Satz auf mich zu! Ich habe echt gedacht, der überfährt mich, und springe schreiend zur Seite! Leider, ohne dass ich noch ein Foto vom Kennzeichen machen konnte. Als der Arsch sieht, was für einen großen Schreck er mir eingejagt hat, kringelt er sich vor Lachen. Da verliere ich die Beherrschung und trete gegen seine blöde Karre. Ihm vergeht das

Lachen, und er lässt die Scheibe herunter. ›Du Fotze, du Nutte, was fasst du mein Auto an, du Hure!‹, brüllt er und macht die Fahrertür auf, um auszusteigen. Alle anderen Eltern und Kinder gucken jetzt zu uns rüber – mein Glück, denn der Aggro-Vater bemerkt das und schlägt die Tür wieder zu. Mit quietschenden Reifen macht er sich vom Acker. Mein Herz rast immer noch.« Zum Beweis streckt Frau Kämpf ihre zitternden Hände nach vorn in die Luft.

Die Umstehenden schauen Frau Kämpf bedauernd an und schütteln entsetzt die Köpfe. Nur Herr Holz grinst schon wieder. Oder immer noch? Vielleicht ist das bei ihm was Neurologisches, überlege ich, da stößt Bine mich mit dem Ellenbogen an. »Gute Autogeschichte heute. So was hörste hier beinahe jeden Tag, kannste dir gleich merken.« Frau Fischer meldet sich an Frau Kämpf gewandt zu Wort: »Hast du die Kinder erkannt, die er zur Schule gebracht hat? So könnten wir herausfinden, wer der Mann ist.« – »Nein, ich habe sie nur von hinten gesehen und kann mich auch nicht daran erinnern, was sie anhatten oder was für Ranzen sie getragen haben«, sagt Frau Kämpf. Frau Fischers Ermittlergeist ist geweckt. »Was für einen Wagen fährt er denn?«, schließt sie gleich die nächste Frage an. »Einen schwarzen. Auf die Marke habe ich leider nicht geachtet«, gibt Frau Kämpf resigniert zu Protokoll.

Ich werfe einen Blick auf meine Uhr: Es ist bereits fünf Minuten nach acht, aber das macht außer mir niemanden nervös. »Ich mach mich mal los Richtung Unterricht«, informiere ich Bine leise. »Ich komme mit«, flüstert sie zurück. »Das kann hier noch 'ne Weile dauern. Kaum jemand fängt pünktlich mit dem Unterricht an, um acht sind ja eh noch nicht alle Kinder da.« Auf leisen Sohlen schleichen wir aus dem Lehrerzimmer, wo die anderen weiterhin angeregt die Autogeschichte diskutieren. Dass ich an meinem Arbeitsplatz *heimlich* mit der Arbeit beginne, ist mir bisher auch noch nicht passiert.

Die 5f trägt bei meiner Ankunft im chaotischen Klassenraum gerade scheinbar einen Wettkampf darum aus, welches der Kinder am lautesten schreien kann. Gezwungenermaßen nehme auch ich an dem Kräftemessen teil, um für Ordnung zu sorgen. Doch jedes Mal, wenn die Klasse endlich halbwegs still ist, sorgt die kleckerweise Ankunft verspäteter Schüler erneut für Unruhe. Die Nachzügler werden von allen Seiten mit ironischem Beifall und kessen Sprüchen begrüßt. Meine Ermahnungen dafür prallen an den Kids ab wie Regentropfen an der Fensterscheibe. Als Zeichen, dass ich nun den Unterricht eröffne, klappe ich mit großer Geste und einem Stück Kreide in der Hand die Tafel auf. Dort steht über die gesamte Innenfläche geschrieben: *Stühle nicht hochgestellt! Raum völlig vermüllt! => Keine Reinigung! MfG Firma Reinemacher*. Die Kinder lachen sich über den Anschrieb kaputt. »Wallah, wir sind echt schlimmste Klasse von der Schule!«, ruft Hamza glucksend und wird für diese grammatikalisch falsche, inhaltlich aber korrekte Feststellung von den Umsitzenden mit High-Fives belohnt. Als die Kinder sich wieder gefangen haben, probiere ich es in der Hoffnung, wenigstens ein Minimum an Einsicht zu erwirken, mit einem typischen Lehrerappell: »Guckt euch mal im Raum um, Leute. Es sieht hier aus wie im Schweinestall! Ihr seid doch keine kleinen Kinder mehr, die ihren Müll nicht ordentlich wegwerfen können!« Statt eines schlechten Gewissens erreiche ich bei der 5f lediglich Gegenwehr. Unaufgefordert ruft Vlad dazwischen: »Warum soll ich den Müll ordentlich wegwerfen? Seh ich aus wie 'ne Putze oder was?« Mina pflichtet ihm bei:

»Im Ernst, was das für ein Putzdienst, der nicht putzt? Das ist doch ihr Job! Faule Schweine!« Zustimmendes Gemurmel setzt in der Klasse ein.

»Mina, wessen Job ist es bei dir zu Hause, sauber zu machen?«, frage ich. »Der von meiner Mutter, warum?«, antwortet das Mädchen. »Und deine Mutter beseitigt also brav den Müll, den du zu Hause auf den Fußboden schmeißt?«, hake ich nach. Mina lacht auf: »Zu Hause schmeiß ich doch keinen Müll auf den Boden, da haut mir meine Mutter eine rein!« – »Warum das denn?«, stelle ich mich doof. »Na, weil Müll auf den Boden werfen respektlos ist«, gibt Mina zurück und verdreht dabei ungeduldig die Augen, als sei ich schwer von Begriff. »Das sehen die Reinigungskräfte genauso«, bestätige ich. »Zu eurem Glück hauen die euch aber keine rein. Was solltet ihr jetzt tun, damit das künftig auch so bleibt?« – »Respekt zeigen und den Müll ordentlich wegschmeißen!«, ruft Momo von hinten herein. »Sehr gut!«, lobe ich und recke die Daumen in seine Richtung. »Also alle Mann an die Arbeit!« Murrend, aber immerhin einsichtig setzen die Kids sich in Bewegung, sammeln den Abfall vom Boden auf und entsorgen ihn artig in den Papierkörben. Ich freue mich über meinen pädagogischen Erfolg und finde die emsig umherlaufenden Kinder furchtbar niedlich. Doch sobald alle wieder an ihren Plätzen sitzen, ertönt ein gellender Schrei aus der Fensterecke. Cora hat sich weit über ihren Tisch nach vorn gebeugt und reißt mit brachialer Gewalt am Haarschopf des vor Schmerzen schreienden Johannes, der in der Vorderreihe eben noch arglos vor sich hin kippelte. »Ich habe dir gesagt, du sollst nicht so weit nach hinten kippeln und meinem Tisch so nahe kommen!«, schreit Cora mit irrem Blick Johannes an, ohne ihren Griff zu lockern. Blitzschnell springe ich zwischen die beiden, um Johannes vor seiner drohenden Skalpierung zu retten. Jetzt ist keine Zeit für Diskussionen, also packe ich Coras Handgelenk und drücke mit den Fingern fest zu, sodass ihre um Johannes' Haare geschlossene Faust sich automatisch wieder öffnet. Der Befreite rutscht mit seinem Stuhl sofort so weit wie möglich von Coras Tisch nach vorne weg und legt seine schützenden Arme über den Kopf. Sein Geschrei ist in ein atemloses Schluchzen übergegangen. Intuitiv beginne ich tröstend seinen Rücken zu streicheln, während ich Cora mit klopfendem Herzen betroffen anstarre.

Ihr gerade noch wutentbrannt verzerrtes Gesicht nimmt augenblicklich wieder seine liebreizenden Züge an: »Was ist denn?«, fragt sie neugierig lächelnd, als unsere Blicke sich treffen. »Was ist denn mit *dir*?!«, antworte ich aufgebracht mit einer Gegenfrage. »Du hast Johannes um ein Haar eine Glatze verpasst!« – »Ach ja?«, fragt sie mit freundlichem Interesse in der Piepsstimme. »Daran kann ich mich gar nicht erinnern. Ich hab ja gesagt, dass ich nicht so gut mit Leuten kann.« Mit verträumter Miene schaut sie aus dem Fenster und zwirbelt ihre Löckchen zwischen den Fingern. Ich bin sprachlos. Hat Cora tatsächlich bereits vergessen, was vor wenigen Sekunden geschehen ist, oder mimt sie bloß die Unwissende? Eins ist auf jeden Fall klar: So harmlos, wie ich das gestern noch zu Unrecht am Katzentisch platziert geglaubte Engelsgesicht eingeschätzt habe, ist es ganz und gar nicht. Ich werde zügig das Gespräch mit Klassenlehrerin Frau Weihe suchen, nehme ich mir vor. Offenbar gibt es einiges, was ich über die Kinder wissen sollte. Gestern und heute hat sie sich leider krankgemeldet, aber bestimmt ist sie bald wieder fit. Bis dahin lasse ich den Vorfall erst mal ruhen, beschließe ich und trete mit vor Aufregung schweißnassem Rücken wieder vor die Klasse, um endlich mit dem Deutschunterricht anzufangen. Zehn Minuten vor Stundenende.

Nachdem ich am Vortag einsehen musste, dass die Kids vom vorgeschriebenen Fünftklässler-Niveau im Fach Deutsch meilenweit entfernt sind, habe ich den Nachmittag mit Neuplanungen verbracht und fange jetzt beim Urschleim an: der Unterscheidung von Nomen, Verben und Adjektiven. Als ich das Thema nenne, prasseln prompt Unlustbekundungen auf mich ein – obwohl die Begriffe für viele Kinder echtes Neuland sind und sie darum gar nicht wissen, *wofür* sie sich gerade präventiv unmotiviert zeigen. Aber okay, das Gemeckere gehört für Schüler eben genauso zum guten Ton wie für Berliner Taxifahrer. Und weil ich ein kleines Pantomime-Spiel zu den drei Wortarten vorbereitet habe und für die nächste Stunde seine Durchführung in Aussicht stelle, macht die Klasse sogar ganz gut mit. Nur Aragorn, der heute ebenso wie gestern mit 20-minütiger Verspätung eintraf, und Johannes stellen offensiv ihre Verweigerungshaltung zur Schau, indem sie ihre Köpfe auf dem Tisch ablegen. Auch Malina und Liesa haben eine ähnliche Pose eingenommen, freilich aus anderen Gründen: Ihnen ist stinklangweilig, sie kennen sich mit Wortarten aus. Aber für viele andere in der Klasse muss ich meine ohnehin schon vereinfachten Erklärungen mehrfach wiederholen, damit sie sie verstehen oder endlich richtig zuhören. Malina und Liesa quittieren diesen Umstand mit schicksalsergebenem Gähnen. Sie melden sich zwar nach wie vor bei jeder meiner Fragen, aber die Unterforderung übermüdet sie.

Es läutet zum Stundenende. Bevor ich gehe, winke ich die beiden Mädchen zu mir an den Lehrertisch. »Ich habe das Gefühl, für euch zwei ist der Unterricht etwas zu einfach, oder?«, komme ich gleich zur Sache. Die beiden nicken verlegen. »Ich gebe mir Mühe, für euch ein paar Expertenaufgaben zu finden, okay? Mehr kann ich leider nicht anbieten, denn die restliche Klasse hat schon mit den normalen Aufgaben zu kämpfen, wie ihr merkt.« – »Expertenaufgaben klingen toll!«, sagt Liesa. Die Mädels strahlen, aber ich muss noch etwas Unangenehmes loswerden: »Ihr meldet euch auf jede meiner Fragen hin. Ich finde es super, dass ihr so engagiert seid und so viel wisst. Aber ich fürchte, ich kann euch nicht so oft aufrufen, wie ihr euch wünscht. Sonst lehnen sich die anderen nämlich zurück und lassen euch die ganze Arbeit machen …« Malina unterbricht mich: »Kein Problem, Frau Strofe. Wir kennen das schon aus den anderen Fächern. Kein Lehrer nimmt uns oft ran.«

Mitleidig schaue ich zwischen den hellen Köpfchen hin und her. Das wiederum erregt offenbar ihr Mitleid für mich. Liesa tätschelt sanft meinen Unterarm und sagt: »Ist schon okay, Frau Strofe. So ist es halt. Aber danke, dass du es angesprochen hast.« Sie kehren zu ihren Plätzen zurück. Gern hätte ich auch mit meinen Sorgenkindern Aragorn und Johannes noch ein paar Worte gewechselt, aber ich muss mich mal wieder sputen, um pünktlich in der Vertretungsstunde zu erscheinen. Ich flitze den Gang hinunter und sprühe mich dabei großzügig mit Deo ein.

Auch die 6d stellt sich als »lebhaft« heraus. Die Hormongebeutelten denken gar nicht daran, mit dem Klingeln ihre Plätze einzunehmen. Unbeeindruckt wird Musik gehört, geschminkt, geschubst, gegessen, gekreischt.

Mir langt es, und ich fange gar nicht erst mit irgendwelchen fruchtlosen Vernunftappellen an. Stattdessen schlendere ich betont selbstbewusst durch die Klasse. Im Vorbeigehen ziehe ich mit katzenhafter Schnelligkeit einem Jungen die Bluetooth-Kopfhörer aus den Ohren und schließe meine Hand darum. Ein Mädchen am Nachbartisch, das vor einem Taschenspiegel sein Duckface trainiert, erleichtere ich pfeilgeschwind um seinen Lipgloss. Eine Reihe weiter greife ich zwei Brotdosen und eine halbe Tafel Schokolade ab. Ich trage meine Beute zum Lehrertisch und lasse sie geräuschvoll darauf fallen. »Gleich drehe ich noch eine zweite Runde durch die Klasse«, informiere ich die Kids. »Wenn ich dabei immer noch unterrichtsfremdes Zeug entdecke, kassiere ich das ebenfalls ein. Kapiert?« Es wird deutlich leiser im Raum und die Schüler verstauen eilig ihre Sachen in den Taschen. Geht doch. Nur das eitle Mädchen mit dem Taschenspiegel brüskiert sich: »Çüş, was das?! Ich will mein Lipgloss zurück!« – »Den kannst du dir nach der Schule im Lehrerzimmer abholen, Narzissa«, erwidere ich streng. Die Angesprochene versteht nur Bahnhof. »Hä? Ich heiß Leyla und nicht Narzissa. Was das?«, echauffiert sie sich. Ein Mitschüler weiß Rat: »Na, Narzissa! Wie die Mutter von Draco aus Harry Potter, Mann!« Er schaut mich Beifall heischend an. Ich neige abwägend den Kopf von rechts nach links. »Die Romanfigur meinte ich zwar nicht, aber du hast recht, Draco Malfoys Mutter heißt so. Schön, dass hier ein fleißiger Leser sitzt.« – »Boah, ne! Ich hab das nicht gelesen, ich hab nur die Filme gesehen!«, streitet der Potter-Fan vehement meine infame Unterstellung, er würde Bücher lesen, ab. Ich verdrehe die Augen und wechsle das Thema: »Okay, jetzt ist NaWi angesagt. Ich brauche Infos darüber, woran ihr gerade arbeitet. Das kann mir bestimmt der Klassensprecher sagen. Wer ist das?« – »Abdul!«, schallt es mir entgegen, und alle zeigen auf den Jungen am Einzeltisch in der hintersten Ecke des Raums.

Der Platz ist das Pendant zu dem von Cora, was mich sofort in Alarmbereitschaft versetzt. Aber zumindest auf den ersten Blick sind keine, *überhaupt* keine, weiteren Gemeinsamkeiten zwischen Cora und Abdul zu erkennen. Der Junge mit dem kurz geschorenen, schwarzen Haar bringt in etwa so viel auf die Waage wie ein Elefantenkalb. Er wirkt kurz irritiert, als von überallher sein Name proklamiert wird. Dann erhebt er sich schwerfällig zu seinen 180 cm Körperlänge, grinst von einem Ohr zum anderen und ruft dröhnend: »Abdul!« Alle klatschen, Abdul wirft sich unter Verbeugungen in Siegerposen. Ich schmunzle über den ironisch gemeinten großen Auftritt und spreche Abdul an, als seine Fans sich wieder gefangen haben: »Also, Abdul. Auf eurem Stundenplan steht, dass ihr schon gestern NaWi hattet. Mit welchem Thema habt ihr angefangen, und welches Material bearbeitet ihr dazu?«

Abduls Lächeln schwindet, Ratlosigkeit macht sich auf seinem Gesicht breit. Niemand gibt einen Piep von sich. Der stumme Riese steht vor seinem lächerlich klein wirkenden Tisch, schwankt leicht zu beiden Seiten und linst an mir vorbei auf die Tafel. Nein, er schaut *mich* an. Oder doch zur Tür? Ich komme Abdul ein paar Schritte entgegen, um seinen Blick besser einfangen zu können. Da erst bemerke ich das starke Schielen des Ton- und Reglosen. »Abdul?«, frage ich vorsichtig in dem Versuch, seine Starre zu lösen. »Ja. Abdul«, äußert er sich langsam nickend. Nun fällt bei mir endlich der Groschen, und meine Vermutung über den Jungen wird auch sogleich von einer Mitschülerin bestätigt: »Abdul weiß nicht, was wir in NaWi machen. Oder woanders. Er kann im Unterricht nicht mitmachen«, informiert sie mich höflich und bietet an, mir im NaWi-Buch zu zeigen, mit welchen Aufgaben in der gestrigen

Stunde begonnen wurde. Dankend nehme ich den Vorschlag an und heiße Abdul freundlich, sich wieder hinzusetzen.

Er lässt sich auf dem für ihn viel zu kleinen, aber verblüffend robusten Stuhl nieder und spendet sich dafür selbst einen kurzen Applaus. Das Mädchen hält mir derweil schon ihr aufgeschlagenes Lehrbuch unter die Nase. Mit fachmännischer Miene nehme ich es ihr aus der Hand. Doch gleich bei der Überschrift *Unser Sonnensystem* schwindet mein Vertrauen in meine mutmaßliche Fachkompetenz. Wir *leben* in einem Sonnensystem, so viel weiß ich. Und dass es darin verschiedene Planeten gibt, von denen irgendeiner seit Kurzem aber nicht mehr als Planet gilt. Oder doch? War das der, der so heißt wie ein Schokoriegel? Ich fange schon wieder an zu schwitzen und überfliege den Text. Mir fliegen Wörter wie »Kometen«, »Kuipergürtel« und »Oortsche Wolke« entgegen … Kurz entschlossen klappe ich das Buch zu und frage laut in die Klasse: »Wer von euch kennt das Spiel ›Teekesselchen‹?«

Nachdem ich zwei trubelige, witzige Spielstunden hinter mich gebracht habe, verschwinde ich erst mal auf die Toilette, wo ich länger als nötig auf dem Klo sitzen bleibe und bei geschlossenen Augen die Stille genieße. Da reißt mich ein elektrisch sirrendes Geräusch aus meiner kurzen Entspannungsphase. Ich öffne die Lider, und mir fällt auf, dass die Leuchtstoffröhren an der Decke angefangen haben zu flackern. Mit gerunzelter Stirn schaue ich nach oben und erhebe mich. Das Licht zittert nun immer stärker, und ich stehe sekundenweise im Dunkel des fensterlosen Raums. Mein Puls schnellt in die Höhe, und ich versuche ungeschickt, mir in der Stroboskop-Beleuchtung die Hose hochzuziehen. Dann verklingt plötzlich das stete Surren, und ich sehe buchstäblich nur noch schwarz.

Beunruhigt taste ich nach der Toilettenspülung, und ich spüre erschrocken, dass mir Tränen über das Gesicht rinnen. Mein unerwartet empfundener Kummer ruft in mir ein Gefühl hervor, als könne ich nie wieder glücklich wer… Mir entfährt ein leiser Entsetzensschrei, als ich begreife, was hier vor sich geht. Und da pocht es von außen auch schon dumpf an die Tür. »Ei… Einen Augen…blick, bitte!«, höre ich mich stotternd rufen. »Das ist keine präzise Zeitangabe«, dringt es zischend als Antwort an mein Ohr. Frau D.s Stimme scheint dem Inneren meines Kopfes zu entspringen und nicht dem vor der Toilette gelegenen Waschraum. »T…Tut mir leid!«, erwidere ich reflexhaft. Höhnisches Lachen ertönt. »Natürlich, eine Entschuldigung!«, spottet Frau D. Ihre Stimme schneidet wie ein Messer durch die Luft. »Anstatt *Fehler* zu vermeiden, ersucht das Menschengeschlecht sich von seinen Verfehlungen mit einer *Entschuldigung* zu erlösen.« Hat sie wirklich »das Menschengeschlecht« gesagt? Und überhaupt, was soll diese ganze altertümliche Ausdrucksweise? Egal, ich habe jetzt keine Zeit, darüber nachzudenken, ich muss mich dringend aus dieser Situation befreien. Erneut will ich instinktiv um Verzeihung bitten, zügle mich aber in letzter Sekunde. Frau D. knurrt ungeduldig vor der Tür. Die werde ich aber nicht öffnen, solange meine »Kollegin« davorsteht, denn unter keinen Umständen gehe ich so nah an ihr vorbei. Also versuche ich es mit einer List: »Ich … Ich kann nicht, wenn jemand vor dem Klo wartet«, behaupte ich, um eine feste Stimme bemüht. »*Ich … Ich kann nicht!*«, äfft Frau D. mich nach. »Ihr unzulänglichen, lasterhaften Kreaturen! Euer Geist ist willig, aber das Fleisch ist schwach.« Die wahrscheinlich in mehr als nur einem Sinne *verdammte* Frau D. macht keine Anstalten abzuhauen. Um Gottes willen, was soll ich nur tun?, überlege ich hitzig und finde die mögliche Lösung in genau diesem Gedanken: Gott! Ich sage im Versuch, einen leichten Ton anzuschlagen: »Okay, dann bleiben Sie ruhig dort stehen. Ich müsste dann aber etwas vor mich hin reden, damit … es bei mir läuft, wenn Sie verstehen.« Ein genervtes Seufzen ist zu hören. »So sei es«, erteilt mir Frau D. widerwillig ihre Zustimmung.

Ich krame tief in meinen Erinnerungen nach den sonntäglichen Kindergottesdiensten, die ich jahrelang besucht habe. Zwar setzt sich meine Familie aus beinharten Atheisten zusammen, aber meine Eltern frühstückten am Wochenende gern mal unter sich und schoben mich zu diesem Zweck allwöchentlich in die nächstbeste Kirchengemeinde ab. Vielleicht war das wider Erwarten für irgendwas nützlich, denke ich mir nun und versuche mein Glück: »Vater unser im Himmel, geheiligt werde dein Name«, lege ich los. Frau D. gibt ein fauchendes Geräusch von sich. Ich zitiere weiter: »Dein Reich komme, dein Wille geschehe.« Das Fauchen wird immer lauter und aggressiver. »Wie im Himmel, so auf Erden.« Frau D. jault gequält auf, und ich höre, wie sich ihre an Hufgetrappel erinnernden Schritte schnell entfernen. Endlich fällt die Tür zum Schulflur vernehmbar ins Schloss. Und mir ein Stein vom Herzen. Mit einem leisen »Pling« geht das Licht wieder an. Ich stöhne erleichtert auf, fühle mich aber noch immer benommen. Wer kann es mir verdenken? Unbedingt muss ich meine Kollegen noch mal zu Frau D. interviewen, nehme ich mir vor. Gedankenverloren sprühe ich mir Deo unter die Arme und verlasse die Toilette, bevor Frau D. es sich anders überlegt und mich erneut heimsucht.

Im Lehrerzimmer treffe ich an der Kaffeemaschine auf Roya, die Klassenlehrerin der 6d. »Waren meine Nasen in deinen Vertretungsstunden brav?«, erkundigt sie sich, während sie Milch in ihren frischen Kaffee gießt. »Ja, es war alles in Ordnung, nette Klasse«, zeige ich mich zufrieden und angle mir eine Tasse aus dem Hängeschrank über der Spüle. »Ich hätte bloß eine Frage zu Abdul: Dass er eine Behinderung hat, ist ja offensichtlich. Aber wie eingeschränkt ist er denn tatsächlich? Eine Schülerin hat erzählt, dass er im Unterricht überhaupt nicht mitarbeiten kann ...« Roya zieht bedauernd die Mundwinkel nach unten. »Ja«, bestätigt sie seufzend, »Der arme Tropf hat leider nicht das große Los gezogen. Er ist ein ›I-Kind‹, wie wir hier sagen, also ein Inklusionskind. Er hat den Förderschwerpunkt ›Geistige Entwicklung‹ und begreift nur wenig von dem, was um ihn herum geschieht. Ansonsten ist er aber ein lieber Kerl.« – »Offensichtlich, deine Kids haben ihn ja sogar zum Klassensprecher gewählt«, werfe ich ein. Roya lächelt verschmitzt. »Ja, das haben sie. Allerdings hat Abdul gelegentlich ein paar Problemchen mit seiner Impulskontrolle, wenn er nicht kriegt, was er möchte.« – »Was heißt das?«, bohre ich nach. Roya wird konkret: »Bekommt er seinen Willen nicht, rastet er aus. Und das wollen die Kinder lieber nicht riskieren, du hast seine Statur ja gesehen. Es ist nicht so, dass sie Abdul nicht mögen, im Gegenteil! Aber vorsichtshalber geben sie ihm, wonach er verlangt.«

Nun gut, es gibt wohl an den meisten Schulen jemanden, der sich wegen seiner physischen Stärke des Respekts seiner Mitschüler sicher sein kann. Halb so wild, finde ich. Sorgen bereitet mir vielmehr Abduls fehlende Partizipationsmöglichkeit im Unterricht, was ich Roya nun wissen lasse: »Glaubst du denn, Abdul ist mit seinen Handicaps an dieser Schule gut aufgehoben?«, frage ich vorsichtig. »Natürlich nicht!«, antwortet meine Kollegin wie aus der Pistole geschossen und zählt die Gründe für ihr Urteil an ihren Fingern ab: »Er kann kaum lesen und schreiben. In Englisch versteht er kein einziges Wort. Beim Rechnen geht außer der Addition einstelliger Zahlen gar nichts und …« – »Beschreibt ihr gerade den typischen Kaspar-Hauser-Schüler?«, fällt Sören ihr feixend ins Wort, der gerade zu uns an die Kaffeetankstelle getreten ist.

Statt zu lachen kräuselt Roya die Mundwinkel und fragt spitz: »Beehrst du uns heute doch mit deiner Anwesenheit? Auf dem Vertretungsplan warst du vorhin als fehlend eingetragen.« – »Äh ja«, stammelt Sören, dessen Grinsen verschwunden ist, »ich hatte … ein Problem mit meinem Auto.« – »Wohl eher mit den vielen *anderen* Autos auf der Straße«, schnaubt Roya verächtlich und kehrt Sören demonstrativ den Rücken zu. Der schnappt sich seine Tasse und verzieht sich wortlos mit angesäuerter Miene. »*Beschreibt ihr gerade den typischen Kaspar-Hauser-Schüler*?«, äfft Roya Sören nach und setzt hinzu: »Zyniker.« – »Du wolltest noch etwas zu Abdul sagen«, lenke ich wieder aufs Thema zurück. »Stimmt,« sagt Roya, »also: Mitmachen kann er nirgends, nicht mal beim Sport, was bei seinem Gewicht kein Wunder ist. Und leider ist Abdul nicht der einzige Schüler mit solchen Schwierigkeiten. Sören übertreibt zwar, wenn er das als »typisch« bezeichnet, aber die Anzahl solcher Schüler steigt in der Tat seit Jahren. In jeder Klasse sitzen drei bis fünf Kinder, denen sonderpädagogischer Förderbedarf attestiert wurde.«

»So viele?«, staune ich. Roya nickt abgeklärt. »Die meisten Förderzentren, wie Sonderschulen heute heißen, wurden in den vergangenen Jahren dicht gemacht. Deren Schüler mussten dann auf die Regelschulen umverteilt werden. Die Politik hat dafür das hübsche Wort ›Inklusion‹ erfunden. Das Konzept klingt auch erstmal gut: Jedes Kind besucht unabhängig von seinen physischen oder kognitiven Voraussetzungen eine Schule für alle. Niemand soll ausgegrenzt und benachteiligt werden. Klar klingt für viele Leute eine solche Einheitsschule super. Ob sie aber auch von Vereinheitlichung begeistert wären, wenn es im Kaufhaus nur noch Einheits*größen* zu kaufen gäbe? Garantiert nicht. Denn genauso wenig, wie *ein* Shirt zu jedem Körper passt, passt *eine* Schule zu jedem Kind. Das hat gar nichts mit Diskriminierung zu tun, das ist einfach Fakt. Und zwar einer, den auch das Bildungsministerium kennt. Ich glaube, der Regierung geht es bei der Inklusion in erster Linie um Kostensenkung. Förderzentren sind eine teure Angelegenheit. Aber den wenigsten Schülern von dort steht eine rosige berufliche Zukunft bevor. In einfachen Worten: Die Ausbildung der Kinder an Sonderschulen rentiert sich für den Staat nicht.« – »Und der Besuch einer Regelschule wiederum rentiert sich für die gehandicapten Kinder nicht«, ergänze ich geknickt. »Exakt«, bestätigt Roya.

Mir kommt eine Idee: »Aber es gibt seit der Schließung der Förderzentren doch Sonderpädagogen an den Regelschulen«, wende ich ein. »*Theoretisch* wurden zwar Sonderpädagogen an den Regelschulen eingestellt, die Förderschüler im Unterricht unterstützen sollen, doch a) gibt es nicht genug Sonderpädagogen und b) halten sie in der Realität häufig bloß als Vertretungslehrer her.« Mich erfasst eine Welle des Mitgefühls für Sonderpädagogen.

»Und wie setzt ihr das Inklusionskonzept dann überhaupt um?«, frage ich. »So leid es mir tut: gar nicht«, klärt Roya mich auf. »Weil ich einfach nicht weiß, wie ich das schaffen soll. In meiner Klasse habe ich vier Schüler mit sonderpädagogischem Förderbedarf, allerdings auf sehr unterschiedlichem Niveau. Von der Lese-Rechtschreib-Schwäche über Autismus bis hin zu geistiger Entwicklung bei Abdul. Für jeden Einzelnen müsste ich laut Vorgabe im Fachjargon ›differenziertes‹ Unterrichtsmaterial erstellen, was allein schon viel Arbeit erfordert. Zusätzlich habe ich aber noch drei Willkommensschüler, die kaum deutsch sprechen und die ich daher mit sprachlich entlasteten Arbeitsblättern versorgen soll. Noch mehr Arbeit also. Und außerdem gibt es ja noch 21 andere Kinder in der 6d, die ebenfalls ihre individuellen Bedürfnisse und Probleme haben. Besonders, weil viele unserer Kids aus schwierigen Verhältnissen stammen und mit der Schule nicht gut klarkommen.« – »Aber dafür gibt es doch den schulpsychologischen Dienst«, sage ich und ernte dafür einen Lacher. »Dass ich darauf noch nicht gekommen bin!«, ruft Roya und schlägt sich die Hand vor den Kopf. »Ein einziger Schulpsychologe ist für circa 5000 Schüler zuständig. In manchen Bundesländern sogar für 15.000. Aber wenn ich heute Nachmittag beim schulpsychologischen Dienst anrufe und freundlich ›bitte‹ sage, steht bestimmt gleich morgen eine ganze Armada an Psychologen bei mir auf der Matte, die meine Kids therapieren!«

»Selber Zyniker«, kommentiert Sören trocken an Roya gerichtet. Er räumt just seine Kaffeetasse in den Geschirrspüler neben uns und hat dabei den letzten Teil des Gesprächs offenbar mitgehört. Sie wirft ihm einen vorwurfsvollen Blick zu, kann sich ein schiefes Grinsen aber nicht verkneifen. »Hast ja recht«, murmelt sie unwillig und legt mir dann ihre Hand auf die Schulter. »Lass dich von mir nicht desillusionieren«, sagt sie milde zu mir. »Sicher werden ganz bald ganz viele Sonderpädagogen und ganz viele Schulpsychologen eingestellt, und dann wird an der Schule alles ganz, ganz toll.«

Und dabei klingt Roya ein bisschen so, als würde sie mit einem Schüler mit sonderpädagogischem Förderbedarf sprechen.

KAPITEL 4

# UNTERRICHT AUF LEBEN UND TOD

Bis es an der Schule ganz, ganz toll läuft, dauert es wohl noch ein wenig. Die nächsten Wochen künden zumindest nicht von einer nahenden positiven Entwicklung. Die 5f sieht bereits einen Tag nach der Aufräumaktion wieder aus wie eine Müllhalde. Mein pädagogischer Erfolg, sofern ich ihn mir nicht ohnehin bloß eingebildet habe, ist verpufft. Meine DaF-Kinder sehe ich viel zu selten, vertrete ich doch in einer Tour sämtliche Schulfächer quer durch die Bank. Dabei lerne ich – wenn schon die Schüler nichts lernen – zahlreiche neue Gemeinschaftsspiele für Schulklassen kennen und trainiere das sichere Auftreten bei völliger Ahnungslosigkeit. Das gelingt mir inzwischen gut, jedenfalls wenn man vom Sportunterricht absieht. Früher fand ich die zahlreichen Sicherheitstrainings für angehende Sportlehrer total übertrieben. Heute muss ich sagen: Ich nehme alles zurück und behaupte das Gegenteil.

Schon bei meiner Premiere als Sportlehrermime bekomme ich es gleichzeitig mit zwei Klassen zu tun, die sich die Turnhalle teilen. Die 4e und die 5f stehen auf dem Plan. Entsprechend angespannt treffe ich dort ein. Da ich zuvor noch nie in der Halle war, nutze ich die Hofpause, um mir einen Überblick über Umkleiden, Geräteraum und Co. zu verschaffen. Sobald ich die Tür aufstoße, werden durch den typischen Sporthallengeruch längst vergessene Kindheitserinnerungen geweckt. Ich lächle sentimental und bin sogar richtig aufgeregt, als ich die Lehrerumkleide aufschließe, deren Zutritt in meiner eigenen Schulzeit strengstens verboten und deshalb umso spannender war. Nun darf ich meine alte Neugier auf das kleine Kabuff endlich höchst offiziell stillen – sofern man meine fehlende Qualifikation außer Acht lässt. Meine Kinderfantasien bewahrheiten sich nicht: Die Umkleide ist genauso spannend wie Fußpilz. Für ein wenig Thrill sorgt lediglich, dass ich mich im Dunkeln umziehen muss. Keine Sorge, diesmal ist Frau D. unschuldig, ich finde bloß ums Verrecken den Lichtschalter nicht. In Leggings und Laufshirt gewandet inspiziere ich als Nächstes den Geräteraum. Als Vorbereitung auf meine Mädchenfußball-AG gilt meine Aufmerksamkeit zuerst den, wie schon der erste Blick verrät, altersschwachen Bällen. Ich befreie einen von ihnen aus ihrem rollbaren Gitterkäfig und drücke auf das runde Leder, das seine Form prompt widerstandslos aufgibt. In einem Regal entdecke ich einen Kompressor, mit dem ich einen Reanimationsversuch an dem eingedellten Ei unternehme. Tatsächlich haucht das Druckluftgerät dem Ball wieder Leben ein, allerdings nur bis ich ihn testweise ein paar Mal auf den Boden springen lasse. Ich versuche mir nicht die Laune verderben zu lassen. Bestimmt kann die Schulleitung noch rechtzeitig zum Start meiner Mädchenfußball-AG ein paar neue Bälle ordern.

*Ja, Sie lesen richtig: Das Schuljahr läuft bereits seit Wochen, aber AGs sind noch keine in Gang gekommen. Als ich in der dritten Schulwoche eine Kollegin darauf ansprach, zeigte diese sich ganz erschrocken wegen meines »überschäumenden Arbeitseifers«, wie sie es ausdrückte, und setzte mich darüber in Kenntnis, dass die meisten Lehrer ihre Arbeitsgemeinschaften – oder hier treffender:*

*Nichtarbeitsgemeinschaften – erst Richtung Herbstferien anlaufen ließen.*

Von den Bällen abgesehen gibt es an der Ausstattung der Turnhalle nichts auszusetzen. Stufenbarren, Recks, Kästen, Ringe, Mattenwagen, prall gefüllte Regale mit Bällen und Schlägern unterschiedlichster Sportarten – alles da. Wenn ich daraus einen coolen Parcours errichte, lässt sich die Stunde mit Zirkeltraining prima füllen, entscheide ich. Ich zerre die schweren Geräte in die Halle und verteile sie um die mit Linien markierte Außenlaufbahn herum. Dann lasse ich die Ringe von der Hallendecke herunter und positioniere an einigen Stationen Bälle und Schläger. Abschließend drehe ich eine Runde mit dem Mattenwagen und breite Matten um die Sportgeräte herum aus – denn Sicherheit geht natürlich vor. Stolz und verschwitzt begutachte ich mein Werk, kehre in die düstere Umkleide zurück und taste nach meinem Deo. »Katha?«, fragt plötzlich jemand durch die geschlossene Tür. Ich erkenne die freundliche Stimme meines Kollegen Can. Der Sportlehrer, der kurz vor seiner Pensionierung steht und beinahe mal Profifußballer geworden wäre, wie er jedem mit wehmütigem Blick erzählt, ist einer der wenigen alten Hasen an der *Kaspar Hauser*. 30 Jahre hält er hier bereits durch und muss sich dafür nicht mal sonderlich anstrengen, wie ich nicht ohne eine Spur Neid bemerkt habe. Can ist einfach einer der Glückspilze, die zum Lehrersein geboren wurden. Er ist mit einer natürlichen, väterlichen Autorität gesegnet und besitzt eine verlässliche Spürnase für die Bedürfnisse seiner Schüler und Kollegen, was ihn für beide Seiten zu einem geschätzten Ansprechpartner macht. »Hallo Can, wie kann ich dir helfen?«, begrüße ich ihn, als ich nun die Tür öffne. »Es geht nur um eine Kleinigkeit«, sagt Can. »Ich weiß ja, dass du heute das erste Mal in der Sporthalle bist, und deshalb wollte ich dich daran erinnern, bitte, bitte, bitte nach dem Unterricht wieder alle Regale, Türen und so weiter abzuschließen. Am besten doppelt, wenn es dir keine Umstände macht. Den Sachen hier wachsen schnell Füße …« Er schaut mich vielsagend an, und ich nicke brav. »Wird gemacht!«, versichere ich ihm und schließe an: »Übrigens, dürfen wir demnächst auf neue Fußbälle hoffen?« Can verdreht die Augen. »Also *ich* hoffe noch. Hab letztes Jahr schon mehrfach bei der Schulleitung um eine Neubestellung gebeten, aber das muss durchgerutscht sein. Ich hake gleich noch mal nach.« Beim Weggehen schaut er noch einmal über die Schulter und ruft: »Und Abschließen nicht vergessen, ganz wichtig! Hab bitte auch ein Auge drauf, dass keines der Kinder irgendwas mit in die Kabine nimmt.« – »Aye aye!«, rufe ich über das Klingeln der Pausenglocke hinweg zurück und sehe auch schon die ersten Schüler auf die Halle zurennen.

Als sich endlich alle – also alle, die Sportzeug dabeihaben – umgezogen haben, ordne ich zunächst ein paar Minuten freies Spiel als Aufwärmtraining an, bevor der Parcours absolviert werden darf. Aragorn ignoriert wie erwartet meine Anweisung und lümmelt sich lieber in Straßenklamotten auf eine Bank. Die anderen Kinder sind beschäftigt, also nutze ich die Gelegenheit und rücke dem kleinen Verweigerer auf die Pelle. »Keine Lust auf Sport?«, frage ich in lockerem Ton, während ich mich neben ihn auf die Bank setze. »Ne«, gibt Aragorn knapp zurück, ohne mich eines Blickes zu würdigen. »Verrätst du mir, warum nicht?«, bleibe ich dran. Schulterzucken. Ich bohre weiter: »Kennst du den Grund selbst nicht genau oder möchtest du ihn mir nicht mitteilen?« Diesmal ernte ich ein Kopfschütteln, eher ungeeignet als Antwort auf eine Entweder-

Oder-Frage. »Wenn du mit Taschengeld genauso sparsam bist wie mit Worten, musst du ein reicher Mann sein«, versuche ich es mit einem Witzchen. Immerhin schaut Aragorn mich jetzt an, wenn auch als ob ich nicht alle Tassen im Schrank hätte. »Ich krieg kein Taschengeld«, fährt er mich vorwurfsvoll an. Ich beteuere mit erhobenen Händen meine Unschuld: »Das ist nicht *meine* Entscheidung gewesen!« Schweigen. Noch mehr Schweigen. »Tut mir leid, dass du kein Taschengeld bekommst«, ergänze ich. Zerknirscht, aber deutlich milder rückt der Junge nun doch mit der Sprache heraus: »Meine Mutter kann mir kein Geld geben, weil wir keins haben.« – »Scheiße«, fasse ich die Situation korrekt zusammen, wie mir Aragorns Nicken bestätigt. Für ein paar Momente sitzen wir einträchtig nebeneinander und schauen wortlos den anderen Kindern beim Herumrennen zu. »Aragorn, ich will dich mit meiner Fragestunde hier nicht nerven, ich bin bloß neugierig. Neugierig, warum ein cleverer Typ wie du einfach null Komma null in der Schule mitmacht und zusätzlich jeden Tag 20 Minuten zu spät kommt, sodass er sich auch noch einen Klassenbucheintrag nach dem anderen einfängt«, erkläre ich ihm.

Er zieht die Augenbrauen hoch. »Woher wollen Sie denn wissen, dass ich clever bin?«, fragt er provozierend. »An Fragen wie dieser zum Beispiel«, antworte ich aufrichtig. Aragorn denkt eine Weile nach und sagt schließlich: »Schule interessiert mich einfach nicht, ich kann gar nicht sagen warum. War schon immer so. Aber das Zuspätkommen passiert wegen meiner Mutter. Sie hat seit letztem Monat einen neuen Job, räumt Regale im Supermarkt ein. Den alten hat sie verloren wegen Alkohol. Deshalb war sie auch ein paar Monate in einer Klinik. Aber jetzt trinkt sie wieder, und deshalb muss ich morgens aufpassen, dass sie aus dem Bett aufsteht. Dadurch verpasse ich ständig den Bus. Aber wenn Mama zu spät zur Arbeit kommt, wird sie wieder entlassen, und dann haben wir *noch* weniger Geld, und dann müssen wir raus aus der Wohnung.« – »Scheiße«, resümiere ich erneut und fühle mich auf einmal sehr kraftlos. »*Möchte* deine Mutter denn, dass du jeden Morgen aufpasst, ob sie aufsteht, oder glaubt sie, sie schafft das allein?«, frage ich behutsam. »Ne, sie will, dass ich pünktlich zur Schule fahre, und schwört Stein und Bein, dass sie selbst auch pünktlich bei der Arbeit ist«, gesteht der arme Kerl ein. »Aber das hat sie beim letzten Job auch gesagt, und das war gelogen.« – »Ich kann vor dem Hintergrund absolut nachvollziehen, dass du ihr nicht glaubst, was das Aufstehen betrifft«, bestätige ich. »Trotzdem darf es in der Schule nicht so weitergehen, mein Lieber. Ich mache dir einen Vorschlag: Du versuchst deiner Mutter zu vertrauen, dass sie morgens rechtzeitig in die Gänge kommt, und erwischst den Bus zur Schule. Falls das nicht gleich reibungslos klappt, kein Problem. Ich trage für die nächsten vier Wochen deine Verspätungen nicht ins Klassenbuch ein. Als Gewöhnungsphase. Dafür meldest du dich ab sofort in jeder Deutschstunde mindestens zweimal, okay? Ich weiß nämlich, dass du das alles kannst, was wir da machen. Ich sage *nichts* zu deinen Verspätungen, dafür sagst du *etwas* im Unterricht. Deal?«

Aragorn klappt die Kinnlade runter. »Echt jetzt?«, fragt er hoffnungsvoll. »Ja«, versichere ich ihm und strecke ihm meine Hand entgegen. Er schlägt ein, und ich atme erleichtert auf. Cool gelöst, lobe ich mich selbst, zügle aber die aufkeimende Freude über meinen pädagogischen Erfolg, weil … Na, Sie wissen schon.

Die Aufwärmphase hat inzwischen einige Hitzköpfe hervorgebracht, und die anfangs noch spielerischen Kampfhandlungen zwischen den Kindern drohen zu eskalieren. Schnell trommle ich die Meute in der Mitte der Halle zusammen und erkläre den Aufbau des Parcours, den die Kids so schnell wie möglich bewältigen sollen. Als Startsignal blase ich kräftig in meine Trillerpfeife und erfülle mir damit einen weiteren Kindheitstraum. Was nun geschieht, ist leider alles andere als traumhaft, und damit sind wir wieder beim Thema Sicherheitstraining:

Die Kids stürmen frohgemut auf ihre jeweiligen Startstationen zu. Sie ahnen ebenso wenig wie ich, dass der angekündigte Sportwettkampf sich als Überlebenskampf herausstellen soll. Sekunden später gellen statt Freudenschreien Angstschreie durch die Halle. Erschrocken blicke ich von meiner Stoppuhr auf. Als Erstes sehe ich Michelle, die gerade mit Anlauf von einer Trampolinrampe in die Luft abspringt und nach den weiter oben hängenden Ringen greift, um sich daran ein paar Meter vorwärts auf einen Kasten zu schwingen. Sie erreicht die Ringe spielend, packt zu, reißt die Beine nach vorn, um ihrem Schwung mehr Kraft zu verleihen, und … stürzt mit um die Griffe gekrallten Fingern kreischend in den Abgrund. Verdammt, ich habe völlig vergessen, die Ringe mit dem Sicherheitshebel festzustellen! Unsanft landet die Viertklässlerin auf einer Matte und beginnt lauthals zu weinen. Ich schaffe keine drei Schritte auf sie zu, da wird hinter mir bereits das nächste Unglück intoniert. Nico und Konsti sind eben um die Wette auf zwei in Laufrichtung nebeneinanderstehende Holzrollkästen zugesprintet, um die 1,50 Meter hohen Geräte zu erklimmen und von dort aus schnellstmöglich an den von der Decke herabgelassenen Knotenseilen hinaufzuklettern.

Doch so weit schaffen es die Jungs gar nicht, denn die Rollkästen hätten für einen festen Stand natürlich abgesenkt werden müssen. Den entsprechenden Sicherheitsgriff an der Seite entdecke ich nun auch – schließlich schießen die riesigen Höllengefährte ja nah genug an mir vorbei. Nico und Konsti, die es nur mit dem Oberkörper auf die Kästen schaffen konnten, bevor diese sich schwungvoll in Bewegung setzten, klammern sich brüllend mit aufgerissenen Augen und Mündern an der Lederoberfläche fest. Ungebremst rasen sie zwischen panisch aus dem Weg springenden Schülern nebeneinanderher direkt ins Fußballtor an der Wand. Durch das steinerne Hindernis ausgebremst, stoppen die Kästen abrupt ab und schleudern ihre unfreiwilligen Fahrgäste ins Tornetz, worin die beiden Unglücklichen sich verfangen und wie in einem Spinnennetz hängen bleiben.

Meine Schüler dezimieren sich wie die zehn kleinen Kinderlein aus einem bekannten Lied. Bevor ich mich der armen Burschen annehmen kann, sehe ich rot. Blutrot, um genau zu sein. Statt auf einen Spiel-und-Spaß-Parcours habe ich die Kinder auf eine Todesrallye gejagt. Auch die Station, an welcher die Kinder einen Baseball mit dem dazugehörigen Schläger in ein wenige Meter entferntes Netz befördern sollen, habe ich mit Sicherheitsvorkehrungen verschont. Für meinen Fehler muss Momo bezahlen. Da ich keinen Sicherheitsabstand zwischen den in der Reihe Wartenden und den Ballschlagenden eingerichtet habe, drängen sich die ungeduldigen Kids natürlich dicht an dicht. Die erste Schlägerin in der Reihe ist Elena, die sich den Ball vorlegt, indem sie ihn in die Luft wirft, kräftig mit dem Baseballschläger ausholt und … dem unmittelbar hinter ihr anstehenden Momo damit volle Möhre eine aufs Maul haut – anders kann ich das nicht ausdrücken.

Dem geschockten Momo entfährt erst ein spitzer Schrei und dann eine Blutfontäne. Bei diesem Anblick fange nun auch ich vor Entsetzen zu schreien an. Momo, der durch den harten Treffer zu Boden gegangen ist, erholt sich von dem Knock-out schneller als ich. Zu meinem grenzenlosen Erstaunen steht er schon nach wenigen Sekunden wieder auf der Matte und verzieht seine blutüberströmten Lippen und Zähne zu einem schauderhaften Grinsen: »Keine Sorge, Frau Strofe!«, ruft er unbekümmert zu mir herüber. »Ich krieg zu Hause so viel auf die Fresse, da spür ich so'n kleinen Schlag gar nicht mehr!« Fassungslos klappt mir die Kinnlade herunter. Momos Mitschüler hingegen krümmen sich vor Lachen. Ich habe mir unter Kinderhumor zwar etwas anderes vorgestellt, aber so gibt es wenigstens ein *paar* fröhliche Gesichter in dem Tränenmeer, das ich ansonsten in der Turnhalle verursacht habe.

Ich schicke Momo aufs WC, um sich das Blut abzuwaschen und seine Zähne auf Vollständigkeit zu prüfen. Nico und Konsti wurden schon von Mitschülern aus den Fängen des Tornetzes befreit und haben außer ein paar Gitternetzabdrücken im Gesicht keinen Schaden davongetragen. Michelle hat sich die Handflächen aufgeschürft, als sie ruckartig von den Ringen abgerutscht ist, aber ihre Schmerzen lassen sich mit Pusten und ein paar tröstenden Worten schnell lindern. Ich entschuldige mich bei allen Opfern meines mangelhaften Sachverstands und lasse die Kids den Survival-Parcours abbauen. Die verbleibende Zeit der Stunde dürfen die Schüler wieder für freies Spiel nutzen, allerdings verschärfe ich vorsichtshalber die Auflagen dafür und erlaube ausschließlich den Gebrauch von Schaumstoffbällen und Federballspielen.

In der Pause schleppe ich mich total erledigt ins Lehrerzimmer und lasse mich stöhnend auf den erstbesten Stuhl fallen. Der Tag ist noch jung, aber ich bin bereits hundemüde. Wenigstens habe ich gleich endlich mal wieder eine Doppelstunde mit meinen DaF-Kids. Da laufe ich wenigstens nicht Gefahr, versehentlich jemanden umzubringen, und es herrscht Ruhe – mir dröhnt noch ordentlich der Schädel von dem Geschrei in der Sporthalle, aber diesbezüglich sollte ich mich mit dem Jammern wohl besser zurückhalten.

»Huhu, meine Liebe!«, platziert Bines Stimme einen weiteren schmerzhaften Stich in meinem Kopf. Sie zieht einen leeren Stuhl zu mir heran und nimmt Platz. »Du, ich hab 'ne neue Schülerin in meiner Klasse. Also *richtig* neu ist Angelija eigentlich nicht, sie ist mit ihrer Familie schon letztes Jahr aus irgendeiner osteuropäischen Roma-Siedlung nach Deutschland und an die Kaspar-Hauser-Grundschule gekommen. Im vergangenen Schuljahr hatten wir hier noch eine reine Willkommensklasse, in der die DaF-Kinder den ganzen Tag über und nicht nur in einzelnen Stunden unterrichtet werden sollten. Aber du weißt ja inzwischen, wie das an der *Kaspar Hauser* mit dem DaF-Unterricht läuft: Der DaF-Lehrer musste ständig irgendwo Vertretungsfeuerwehr spielen, und seine Schüler wurden tageweise in unterschiedlichen Klassen geparkt. Kurzum: Angelija hat de facto kaum richtigen Unterricht gehabt, und nun ist mir aufgefallen, dass sie weder lesen noch schreiben kann. Auch um ihren deutschen Wortschatz ist es nicht gut bestellt und ...« – »Warte mal«, unterbreche ich sie, »heißt das, es hat bisher niemand bemerkt, dass das Kind in einem ganzen Schuljahr nicht alphabetisiert wurde?« Bine zuckt entschuldigend mit den Schultern. »Wie denn auch, wenn man das Mädchen nur ab und an mal in seiner Klasse zu Gesicht bekommt? Auf jeden Fall hat sie noch für ein paar Monate den Status als Willkommenskind, der gilt ja bloß für ein Jahr. Darf ich sie also zu dir in die DaF-Stunden schicken?« – »Na klar!«, stimme ich zu. »Ich gehe gleich zu Herrn Holz und lasse sie auf meine Schülerliste setzen. Schickst du Angelija nach der Pause einfach in den Raum 322?« – »Mach ich, vielen Dank!«, sagt Bine, und wir erheben uns.

Ich finde Herrn Holz in seinem Büro hinter der aufgeschlagenen Tageszeitung und trage ihm Angelijas Geschichte und mein damit verbundenes Anliegen vor. »Kein Problem, dann versuchen Sie mal ihr Glück«, bewilligt er lapidar die Aufnahme des Mädchens in meine Lerngruppe. Das Grinsen, das der stellvertretende Schulleiter dabei wieder zur Schau trägt, macht mich langsam wahnsinnig. »Ich finde es ehrlich gesagt überhaupt nicht witzig, dass ein Kind an Ihrer Schule ein Jahr lang nicht lesen und schreiben lernt, ohne dass es jemandem auffällt«, informiere ich ihn, um sachlichen Ton bemüht. Herr Holz grinst nur noch breiter. »Wahrscheinlich hat sie eine Lernbehinderung und es deshalb nicht gelernt«, mutmaßt er desinteressiert und schaut demonstrativ wieder auf seine Zeitung. Ich verstehe den Wink und verabschiede mich, ohnehin nicht traurig darüber, die Unterredung mit dem Holzkopf zu beenden.

Neugierig nehme ich in der folgenden Stunde meine neue Schülerin in Empfang. Ich lasse die übrigen Mädels gemeinsam ein Plakat zum aktuellen Thema erstellen, damit ich ein paar Minuten mit Angelija unter vier Augen habe. Bine hat recht: Außer ihrem Namen und einer Handvoll einfacher Wörter kann das Mädchen nichts zu Papier bringen. Anzeichen für eine vermeintliche Lernbehinderung erkenne ich allerdings keine. Und mit der verbalen Verständigung klappt es sogar besser als erwartet. Sie macht zwar unzählige Fehler beim Sprechen und ist sich dessen auch bewusst, lässt sich dadurch aber nicht vom Reden abhalten. Im Gegenteil: Sie zeigt sich unendlich dankbar dafür, dass ich mich mit ihr und ihren schulischen Problemen befasse. Ohne Scheu erzählt sie mir in ihrem Fantasiedeutsch mit starkem Akzent, wie peinlich es ihr ist, nicht lesen und schreiben und daraus folgend in keinem Fach irgendeine Aufgabe lösen zu können. »Meine Traum ist, dass nur EINE einzige Mal ich kann bringen gute Note zu meine Mutter und sie sagt ›gut gemacht‹«, beendet sie ihre Schilderung und sieht mich hoffnungsvoll an. Mein Herz blutet mindestens so sehr wie Momo in der vergangenen Stunde. »Das schaffen wir«, verspreche ich ihr.

Ich lasse die anderen Mädels ihr Plakat vorstellen und binde Angelija so gut es geht in den Unterricht ein. In der Pause stehe ich erneut bei Herrn Holz auf der Matte. »Angelija braucht Sprachförderstunden mit mir. Ich kann sie nicht einfach *nebenbei* im gemeinsamen Unterricht mit anderen Kindern alphabetisieren«, sage ich kühl. Herr Holz guckt mich an, als hätte ich ihm ein unmoralisches Angebot gemacht. »Also Einzelbetreuung«, bringt er meine Forderung auf den Punkt. »Ja«, bestätige ich, »bloß ein paar Stunden pro Woche, ein oder zwei Monate lang.« Herr Holz verschränkt die Arme und grinst überlegen. »So einer Vorzugsbehandlung für eine einzelne Schülerin kann ich nicht zustimmen. Hier gilt immer noch ›gleiches Recht für alle‹.« – »Richtig«, stimme ich zu, »Aber ihr Recht auf Bildung konnte Angelija an der Kaspar-Hauser-Grundschule bisher leider nicht in Anspruch nehmen. Ich finde, als Entschädigung hat sie ein Goodie verdient.«

Herr Holz setzt zu einer Antwort an, aber durch hastiges Aufreißen der Bürotür unterbrochen. »Entschuldigung!«, keucht eine außer Atem geratene Frau Kämpf. »Ich kann meine nächsten beiden Stunden leider nicht geben, weil ich sofort in die Kita fahren muss. Mein Sohn hatte dort einen Unfall und jetzt eine stark blutende Platzwunde am Kopf.« – »Zirkeltraining?«, rutscht es mir heraus. Frau Kämpf blinzelt mich irritiert an. »Was? Nein, kein Zirkeltraining, er ist vom Klettergerüst gefallen. Wie auch immer, ich muss wirklich los. Kann mich jemand vertreten?« Herr Holz scrollt an seinem PC bereits mit bedauerndem Kopfschütteln die Einsatzpläne des Kollegiums durch. Bei meinem Namen stoppt er, liest offenbar, dass ich gleich wieder für DaF-Unterricht eingeteilt bin, und linst mich aus dem Augenwinkel an. Natürlich verstehe ich gleich, worauf er hinauswill. »Unter einer Bedingung«, sage ich in aller Entschlossenheit. Frau Kämpf trippelt drängend mit den Füßen. Herr Holz seufzt. »Okay«, willigt er ein und schafft das Unmögliche, indem er mich mit einem strafenden Blick bei zeitgleichem Grinsen bedenkt. »Wir stimmen das morgen genauer ab. Dafür gehört aber Frau Kämpfs 4b für den Rest des Tages Ihnen«, fügt er verstimmt an. »Abgemacht«, sage ich und verlasse gemeinsam mit Frau Kämpf das Büro.

»Sie sind meine Rettung, Frau Strofe!«, sagt sie dankbar, während wir gemeinsam auf den Hof treten, wo sie zum Lehrerparkplatz abbiegen muss. »Die Kinder hätten jetzt eigentlich mit mir Englisch«; ergänzt sie noch, »lass sie einfach im Workbook die Seiten 14 bis 16 bearbeiten.« – »Perfekt!«, antworte ich und freue mich über die klare Anweisung. Bevor ich meinen Vertretungspflichten nachgehe, schicke ich noch rasch meine sichtlich enttäuschten DaF-Schüler in ihre Klassen zurück. Zumindest Angelija strahlt übers ganze Gesicht, als ich ihr berichte, dass sie mit mir bald lesen und schreiben üben wird.

Mit ein paar Minuten Verspätung wegen meines erzwungenen Umwegs eile ich den Gang zur 4b entlang. Dabei komme ich an Frau D.s Klasse vorbei. Ihre 3d ist übrigens die einzige Klasse an der Schule, in der ich noch nicht vertreten musste. Es ist schon eine seltsame Ironie, dass ausgerechnet die einzige Kollegin, auf die wir alle gut verzichten könnten, sich laut Bine nie krankmeldet. Vor der Tür der 3d steht mit hängenden Schultern ein heftig schluchzender Junge. Ich weiß zwar nicht, was der Kleine ausgefressen hat, aber ich finde, er ist mit seiner Klassenlehrerin schon genug gestraft, und habe augenblicklich Mitleid mit ihm. Ich beschließe, dass die 4b noch kurz warten kann, und gehe vor dem weinenden Kind in die Hocke. »Mausi, du setzt ja noch den ganzen Flur unter Wasser, wenn du weiter so doll weinst«, versuche ich ihn mit einem kleinen Scherz aufzumuntern, während ich ihm über die nassen Wangen streichle.

Der Junge zieht geräuschvoll hoch und atmet ein paar Mal hechelnd ein und aus. »I… ich w… war böse«, presst er mühsam hervor. Beschämt senkt er den Kopf, als er nun zum Beweis seine geballte Faust öffnet und den Blick auf eine entzwei geteilte Druckbleistiftmine freigibt. »D… Das war nicht m… mit Absicht«, erklärt er eilig. »Du musstest vor die Tür, weil dir eine Bleistiftmine zerbrochen ist?«, vergewissere ich mich. Das Kind nickt, wird von einem weiteren Weinkrampf geschüttelt und fällt mir in die Arme. Ich drücke den armen Jungen an meine Brust und wiege ihn sanft vor und zurück. Am liebsten würde ich die Klassentür aufreißen und die alte Hexe an den Haaren herausschleifen, wenn ich nicht so feige wäre. Stattdessen winde ich mich nach einigen Momenten aus der Umklammerung des angeblichen Übeltäters, schließlich wartet die 4b auf mich.

Ich spreche dem Jungen noch kurz Mut zu und mache mich davon. Im Weggehen schmule ich kurz durch die schmale Glasscheibe neben der Tür in den Raum hinein. Die Kinder sitzen im flackernden Licht der Deckenleuchten kerzengerade an ihren Plätzen, jedes schreibt konzentriert und stumm in seinem aufgeschlagenen Heft. Ein schönes Bild – wenn nicht nackte Angst es gezeichnet hätte, und Angst bringt nur selten Gutes hervor.

Das »Negativ« des Bildes bietet sich mir in der 4b. Eine Handvoll Kinder tobt schon auf dem Flur herum, aber drinnen erkenne ich dann das ganze Ausmaß: Ein Hauen und Stechen, sage ich Ihnen. Die Kinder gehen wortwörtlich über Tische und Bänke, Lärmstufe 10, ein Rudel Jungs prügelt mit zusammengerollten Schnellheftern aufeinander ein, zwei Anwärterinnen für den Darwin Award wetteifern auf der Fensterbank stehend darum, wer sich am weitesten aus dem Fenster lehnen kann, ein paar Kinder liegen ohne erkennbaren Grund ausgestreckt auf dem Fußboden herum, Gegenstände und Essen fliegen durch die Gegend. In den folgenden Minuten komme ich, Überraschung, richtig ins Schwitzen. Mit Müh und Not kann ich so etwas Ähnliches wie Ruhe herstellen, und sie klappen endlich die Workbooks auf. Ich gehe wieder und wieder herum und erkläre, motiviere, treibe an, bitte, ermahne, die alte Leier eben.

Aber ein Vierertisch Mädels zeigt sich partout nicht zur Mitarbeit bereit. Sie packen nicht mal ihre Bücher aus, da kann ich mich auf den Kopf stellen. Vielleicht bin ich keine gute Lehrerin, didaktisch schwach oder so. Glauben Sie mir, so etwas frage ich mich täglich, seit ich an dieser Schule arbeite. Mir fällt in dieser Situation gerade auf jeden Fall nichts Besseres ein, als von Bitten zu Drohungen überzugehen. Als Erstes versuche ich mir Autorität mit einem angekündigten Klassenbucheintrag zu erpressen.

Die Vorlauteste der Quadriga hat dafür nur ein müdes Lächeln übrig: »Ich mach die scheiß Aufgaben nicht, kein Bock, Mann! Schreib doch in dein Klassenbuch, ich ficke dein Klassenbuch!«

Was soll ich dazu bitte schön sagen? Keine Ahnung, also fordere ich sie auf, mir ihren Namen zu nennen, damit ich am Nachmittag bei ihren Eltern anrufen kann. Auch davon ist sie gänzlich unbeeindruckt: »Ruf doch an. Kein Problem, wenn du tschetschenisch sprichst.« Nun kündige ich ihr Nachsitzen an. Schulterzucken. »Ich bin sowieso jeden Tag bis vier Uhr im Schulhort nebenan. Is mir egal, ob ich dort rumsitze oder hier.« Tja, damit ist mein Repertoire erschöpft – die Androhung einer Strafarbeit schenke ich mir wohlweislich.

*Sagen Sie mir gern, was ich falsch gemacht habe. Szenen wie diese erlebe ich übrigens häufig, die Geringschätzung der Kinder für ihre Lehrer ist enorm. Und ich habe als Lehrerin das Gefühl, keinerlei Sanktionsmöglichkeiten gegenüber meinen Schülern zu haben. Nicht, dass ich die Kinder sanktionieren* ***will*** *– aber ich* ***muss*** *es, weil viele Kinder einfach keine Grenzen akzeptieren. Dafür gibt es etliche Gründe, die letztlich allesamt Resultat schwieriger Familienverhältnisse sind. Ich kenne schon nach meiner kurzen Zeit hier zahlreiche, wirklich erschütternd tragische Kinderbiografien. Mein Mitgefühl für diese jungen Menschen ist grenzenlos. Doch leider können ihre äußeren Umstände eben dazu führen, dass die Kinder überhaupt keinen Bock auf Schule haben und auch nicht deren Regeln befolgen. Ohne Regeln ist Unterricht mit Dutzenden Kids unmöglich. Unterrichten ist aber mein Job, dafür bezahlen sie mich. Leider gehen mir in den »autonomen« Klassen die Ideen aus, wie ich guten, motivierenden Unterricht geben soll, wenn keiner zuhören will und Interesse zeigt. Ich bin offen für Vorschläge!*

Mir fällt beim besten Willen nichts mehr ein, was ich noch machen könnte. Ich setze mich wortlos an den Lehrertisch und formuliere einen umständlichen Klassenbucheintrag, um Zeit zu schinden. Schließlich entscheide ich mich dafür, den Tisch zu ignorieren, solange die Mädchen nicht noch lauter werden.

Es werden zwei sehr, sehr lange Stunden mit der 4b. Mein Deo ist leer. Ich habe Feierabend und hole meine Jacke aus dem Lehrerzimmer. Dort kommt mein Kollege Kurt auf mich zu und raunt mir in verschwörerischem Ton zu: »Achtung, du hast vergessen, in der Sporthalle alles zuzuschließen. Du hast Glück, dass *ich* und nicht Can nach dir in der Sporthalle Unterricht hatte. Can wäre ausgeflippt, wenn er die offenen Schränke entdeckt hätte. Er befürchtet ständig, dass irgendwas geklaut wird.« Mist, in all der Aufregung habe ich das Abschließen wirklich aus den Augen verloren. Ich entschuldige mich vielmals für mein Versäumnis und danke Kurt für seine Deckung.

Als ich kurz darauf über den Hof Richtung Ausgang laufe, stoppt mich der herbeirennende Can: »Katha, kannst du mir noch schnell sagen, wo du den Kompressor hingestellt hast?«, fragt er etwas aus der Puste. Ich überlege. »Den habe ich gar nicht umgestellt«, rechtfertige ich mich. Cans mustert mich prüfend. »Du hast doch überall abgeschlossen, bevor Herr Krömke mit seiner Klasse in die Halle kam?« – »Äh, ja klar«, sage ich möglichst überzeugungskräftig und lächle gezwungen. Can schüttelt nachdenklich den Kopf. »Merkwürdig«, murmelt er, »Krömke will den Kompressor auch nicht angefasst haben. Vielleicht habe ich ja selbst heute Morgen … Ich schau am besten gleich noch mal nach. Hab einen schönen Feierabend!« Can macht auf dem Absatz kehrt und joggt zurück Richtung Turnhalle.

KAPITEL 5

# WANDERN UND WUNDERN

In den nächsten Tagen heißt es im Unterricht für alle Lehrer: Sicherheitsvorkehrungen treffen. Ein Wandertag naht, und wir sprechen mit den Schülern immer wieder durch, wie sie sich unterwegs benehmen sollen. Denn »unterwegs« sind viele Kinder nur selten, sie kommen kaum von zu Hause raus.

Deshalb sind sie in der Stadt schnell abgelenkt und unkonzentriert. Und einige ohnehin verhaltensauffällige Kinder sind auf der für sie spannenden Straße noch schwerer zu bändigen als im reizarmen Klassenzimmer. Hinter der spartanischen Einrichtung steckt manchmal sogar Methode. Im Klassenraum der 5f irritierte mich anfänglich eine Art »offene Zelle« in der vorderen Ecke des Raumes. Ein Einzeltisch und ein Stuhl in Blickrichtung Wand standen dort, zur Rechten und Linken umrahmt von jeweils einem braunen Pressspanschrank. Ein dort hingeschickter Schüler sieht also nichts als eine schmutzig weiße Wand und die Holzvertäfelung der ihn umrahmenden Schränke. Ziemlich erschrocken über die Isolationskammer sprach ich Frau Weihe bei einer Begegnung auf dem Korridor darauf an. Aber die hat meine Nachfrage gar nicht kritisch aufgefasst, sondern empfahl mir sogleich, diesen Sonderplatz ebenfalls zu nutzen: »Manche Kinder hören einfach nicht auf zu stören und andere abzulenken. Bevor dir einer die ganze Stunde lahmlegt, setz ihn einfach dorthin. Da beruhigen die Kinder sich oft wieder.« Ein Kollege rief über den langen Flur nach Frau Weihe und wedelte dabei mit irgendeinem Dokument in der Luft herum. Frau Weihe hastete davon und ließ mich mit der unbefriedigenden Antwort zurück. Nicht schlimm, schon nach wenigen Deutschstunden in der 5f hatten sich durch meine Kämpfe im Unterricht viele Fragen erledigt, und ich bin seither aktiver Nutzer des Kinderknasts. Manche Kids halten eben keine Regeln ein, was in Bus und Bahn natürlich nicht passieren soll.

Fußweg und Fahrt zum Ausflugsziel am Wandertag werden also im Klassenzimmer durchexerziert wie ein militärisches Manöver. Wir wissen alle, es können die unvorhersehbarsten Ereignisse eintreten – und deshalb treffen wir am Morgen nach dem Klassenausflug alle neugierig früher als üblich im Lehrerzimmer zum Geschichtenerzählen ein.

Bine schwappt der Kaffee aus der Tasse, so sehr beeilt sie sich, von der Teeküche zu unserem voll besetzten Tisch zu gelangen, um die ihr unter den Nägeln brennenden Erlebnisse mit ihrer Klasse loszuwerden. Sie passierte auf dem Fußweg mit ihrer 5e das Holocaust-Denkmal. Sofort rannten ihre Schüler aus der Reihe und zwischen die großen Betonstelen, aus Kinderaugen ein Spielplatz. Bine kommandierte die Mannschaft zurück und klärte sie in ihrer gewohnt direkten Art über ein paar Dinge auf, die Juden im Zweiten Weltkrieg erleiden mussten. Die Kinder waren von so viel Unmenschlichkeit tief erschüttert. Noch während die Klasse vor dem Denkmal beisammenstand und mit großen Augen Bines Vortrag über die Gräueltaten der Deutschen lauschte, betrat eine weitere Schulklasse in Abschlussfahrt-Motto-Shirts die Gedenkstätte. Eine Gruppe der 16-Jährigen setzte sich auf die Stelen, ließ die Beine baumeln und packte Bäckertüten aus. Einer von Bines Schülern trägt seit früher Kindheit ein auffallend großes Selbstbewusstsein vor sich her. Das hat Kaan wohl von seinen großen Brüdern, wenn man den Medienberichten über die Großfamilie glaubt. Der zehnjährige Junge, der abgesehen von seiner Prahlerei ein lieber Kerl und nicht auf den Kopf gefallen ist, tritt mit geschwellter Brust den Goliaths entgegen und befiehlt ihnen, vom Denkmal herunterzuklettern. »Was willst *du* denn, du kleiner Pisser?«, fragt einer der vier und legt sein Brötchen zur Seite. Bevor der selbstbewusste Kaan seine Antwort »Dein *Vater* ist ein klei…« beenden kann, zieht Bine ihn ruckartig am Arm zurück. Kaan durfte Bine bis zum Tagesende nicht mehr von der Seite weichen.

Eine neue Lehrerin an der Schule sprang für die mal wieder krankgeschriebene Frau Weihe in der 5f ein. Frau Kolka, die ebenso verzweifelt wie ich mit Unterrichtsstörungen kämpft, hat mit der Wahl ihres Ausflugsortes ins Klo gegriffen, wie ihr Begleitlehrer Tim uns erzählt. Sie hat den Zehnjährigen einen Vortrag bei einem Integrationsbeauftragten am anderen Ende der Stadt gebucht. Der grau melierte Herr mit Maßanzug und Schlips hatte ziemliche Schwierigkeiten, sich in der 5f zu integrieren. Kein Wunder, staunte er doch nicht schlecht über sein unerwartet junges Publikum im Konferenzraum und hatte eine PowerPoint-Präsentation im Gepäck, die er den sonst üblichen Oberstufenschülern und Studenten zeigt. Die Fünftklässler sind vor Langeweile fast verrückt geworden. Es ist nur Tims gutem Verhältnis zu den Kids zu verdanken, dass sie dort keinen Aufstand angezettelt haben, sondern ihren Unmut lediglich durch böse Blicke und vereinzelte freche Sprüche kundtaten. Aber auf dem Rückweg haben die Kinder keinen Hehl daraus gemacht, wie enttäuscht sie von dem Ausflug und ihrer neuen Lehrerin sind. Frau Kolka wird es in den nächsten Wochen in der 5f nicht leicht haben, mutmaßen wir.

Ich selbst hatte es als Begleitlehrerin der 3c besser getroffen. Das nahm ich zumindest an, als ich von Klassenlehrerin Francesca erfuhr, dass ich die Rasselbande zu einem Kinderzirkusprojekt begleiten würde. Wir müssten die Klasse nur durch den öffentlichen Nahverkehr dorthin lotsen. Im Zirkus eingetroffen, würden die Akrobaten die Arbeit mit den Kindern übernehmen, also war für uns Lehrer ausnahmsweise tatsächlich der Weg das Ziel. Doch schon der fünfminütige Fußweg von der Schule zum U-Bahnhof mit den aufgekratzten, ungehorsamen Schülern zerrte so sehr an meinem Nervenkostüm, dass ich auf der Treppe zum Gleis meinerseits an der Kapuze eines Jungen zerrte. Der achtjährige Rami trat oder schlug permanent nach seinen Mitschülern, grölte ziellos Kraftausdrücke durch die Gegend und lief absichtlich Passanten in den Weg. Mir wurde es zu bunt, ich krallte mich mit einer Hand am Kapuzenpulli des Kindes fest und führte ihn vor mir her wie einen Häftling. Das war sowohl Rami als auch mir unangenehm, aber mir fiel keine andere Lösung ein, auch ein paar Bahnstationen später nicht – und so umklammerte ich nach zehn Minuten Fahrt auch mit der *anderen* Hand eine Kapuze, um den daran hängenden Alfredo unter Kontrolle zu bekommen. Francesca saß ein paar Meter weiter neben ein paar braven Mädels in einer Sitzreihe und tat, als bemerkte sie das ungehobelte Betragen ihrer Raufbolde nicht. Mit versonnenem Gesichtsausdruck flocht sie der kleinen Meva das Haar. Francesca, in deren Naturell kein Fünkchen Strenge liegt, ist überzeugte Anhängerin antiautoritärer Erziehungsmodelle – das zumindest ist auf Nachfrage ihre Begründung dafür, dass sie in ihrer Klasse nie entschieden durchgreift. Statt den Kids Grenzen zu setzen, hofft sie auf deren intrinsische Motivation zur Verhaltensänderung infolge ihrer ausschweifenden Vernunftappelle. Wenn ihre Schüler sich danebenbenehmen, redet und redet und redet sie auf die lieben Kleinen ein, bis denen die Ohren bluten und ihr keiner mehr zuhört. Außerdem ist Francesca ungeheuer emotional und empathisch, zweifelsfrei schöne Eigenschaften, aber an der *Kaspar Hauser* braucht man einfach auch ein paar »harte« Softskills. Sonst tun die Kids nämlich, was sie wollen, und das ist häufig leider weder für sie selbst noch für die Menschen um sie herum das Beste. Aber die rührselige Francesca kann an den kleinsten Dingen größte Freude finden und schafft es damit, sich ihre positive Haltung zu bewahren. Sie hat, und das ist freundlich gemeint, »Erfolgsparanoia« – In *allem*, was die Kinder tun, will sie Siege und Fortschritte erkennen.

Auch im Zirkuszelt, das sie im Gegensatz zu mir gut gelaunt und schweißfrei betrat, war sie sofort begeistert: »Hier können die Kleinen sich *bewegen*! Das ist so wichtig! Endlich wird das erkannt. Dieses Zirkusprojekt ist großartig, das sehe ich jetzt schon!« Während ich meine beiden Gefangenen freiließ und mir die vom Umkrallen der Kapuze schmerzenden Hände rieb, lief Francesca in die Mitte der Manege. Staunend blickte sie sich um. Die ausgeschalteten Scheinwerfer machte sie durch ihr strahlendes Gesicht wett. »Großartig!«, rief sie. »Großartig!« Ich nickte lächelnd. Ja, das Zelt war schön, und wir wurden warmherzig in Empfang genommen, aber Grund zu solcher Euphorie sah ich keinen. Zumindest bis ich Rudolfo kennenlernte, den »Silberrücken« der Handvoll Artisten, die im Kinderzirkus arbeiten. Der beinahe 70-Jährige sieht deutlich jünger aus, als er ist, und ist auch im Kopf fit wie ein Turnschuh. Während die

Schüler sich ihre Sportklamotten anzogen, erzählte er uns, wie er als mittelloser Jugendlicher in Mexiko beschloss, sich nach Deutschland durchzuschlagen. Er hatte es weder auf dem Weg nach Deutschland noch im Land selbst leicht. Rudolfo gehört zu den Menschen, denen ihre Lebenserfahrung eine natürliche autoritäre Ausstrahlung verleiht. Er war den Kindern gegenüber offen und herzlich, konnte aber in einen strengen Modus wechseln, der selbst die wildesten Kids sofort verstummen ließ. Innerhalb eines Wimpernschlags schaffte er es so, die 3c in Gruppen aufzuteilen und verschiedenen Trainingsstationen zuzuweisen, ohne dass auch nur ein einziges Kind Beschwerde einlegte.

Francesca, die sich neben mich auf den Zuschauerrang setzte, nachdem alle Schüler mit ihren Akrobatik-Proben begonnen hatten, fand Rudolfo erwartungsgemäß viel zu rüde: »Der redet nicht wie ein Zirkusdirektor, sondern wie ein Gefängnisdirektor! Da bekommen die Kleinen ja Angst«, entrüstet sie sich, während wir gemeinsam auf die vor uns liegende Bühne schauen. Dort findet sie erneut Anlass zur Klage: »Und was ist das?! Der kann doch Rami nicht so grob am Oberarm packen!«

Ich hatte die Szene mit Rami von meinem Platz aus verfolgt: Die Manege besetzte gerade eine Gruppe Kinder, die auf einem Schwebebalken Balancieren übten, als Rami, der noch kurz in der Schlange hätte warten sollen, aus der Reihe trat. Rudolfo kehrte ihm den Rücken zu, er absolvierte noch ein paar Bodenübungen mit Kindern, die sich noch nicht auf das hohe, schmale Turngerät trauten. Rami pirschte sich unbemerkt an die drei Kids heran, die gerade hoch konzentriert und mit rudernden Armen auf dem Schwebebalken um ihr Gleichgewicht rangen. Als Rami nah genug an sie herangeschlichen war, hob er die

Arme und schubste seine Klassenkameraden schnell nacheinander von dem Holzbalken herunter.

Der dumpfe Aufprall der unsanft landenden Kids zog Rudolfos Aufmerksamkeit auf sich. Der erfasste die Lage augenblicklich, marschierte auf den schadenfroh lachenden Rami zu, packte ihn am Oberarm und zog ihn mit sich zu einer Sitzbank am Rand der Manege. Auf Rudolfos Geheiß nahm Rami, dem das Lachen nun vergangen war, Platz und ließ sich mit gesenktem Haupt die Leviten lesen.

Ich nahm an Rudolfos Verhalten keinen Anstoß, im Gegenteil. Francesca aber wühlte der »Gewaltexzess«, wie sie es vermutlich formuliert hätte, sichtlich auf, und ihre Augen wurden glasig: »Der tut Rami doch weh!«, hauchte sie mit brüchiger Stimme mehr zu sich selbst als zu mir. »Und was hat *Rami* getan?«, fragte ich schärfer als beabsichtigt und nickte Richtung Bühne, wo sich die zu Fall gebrachten Kinder ihre schmerzenden Knie und Ellenbogen rieben. Meine Kollegin schnappte nach Luft: »Was soll das denn heißen? Aug' um Aug'? So alttestamentarische Erziehungsmethoden aus dem Mund einer so jungen Lehrerin!« Vorwurfsvoll schüttelte Francesca den Kopf. Leider habe ich schon öfter die Erfahrung gemacht, mich mit Menschen nicht gut einigen zu können, die irgendeinem Erziehungsstil so fundamental anhängen wie Francesca. Mit Fundamentalisten ist keine Diskussion möglich, egal ob in Politik, Religion oder Schule.

Also erhob ich mich anstelle einer Antwort von meinem Schalensitz und lief die wenigen Treppenstufen zur Manege hinunter, um Ramis Opfern erste Hilfe zu leisten: auf gerötete Haut pusten und das in der jeweiligen Haut steckende Kind in den Arm nehmen. Anschließend sah ich den Kids an ihren verschiedenen Trainingsstationen beim Seiltanzen und Ringewerfen zu, bis die Mittagspause ausgerufen wurde. Francesca, die sich nach unserem Disput zur Schneiderin in den Kostümfundus-Wohnwagen verzog, hatte wieder ihre innere Mitte gefunden und saß selig lächelnd auf einer Bierbank in der Sonne, als ich nach draußen trat. Unsere Schüler begannen sofort auf dem Spielplatz neben dem Zelt herumzutoben. Rudolfo und seine Akrobaten versorgten Francesca und mich aus der Küche freundlicherweise mit Kaffee und Kuchen, die sie auf der Bierzeltgarnitur drapierten, bevor sie sich uns gegenübersetzten.

»Köstlich!«, rief Francesca begeistert nach dem ersten Bissen vom Bienenstich. »Der wurde mit ganz viel Liebe gebacken, das schmecke ich sofort.« Turnerin Tina lächelte meine Kollegin gezwungen an und strich, wie ich verstohlen grinsend beobachtete, mit dem Finger unauffällig über den Rand des auf der Tischmitte platzierten Kuchens, an dem noch ein Stückchen Plastikfolie von der Tiefkühlverpackung klebte. Francesca bekam davon nichts mit, sie kaute genüsslich, machte dabei eine ausladende Handbewegung über das Zirkusgelände und ergänzte: »Hier steckt *überall* ganz viel Liebe drin, das ist echt sooo toll!« Rudolfo deutete mit seiner Kuchengabel hinüber zum Sandkasten. »Dort steckt gerade *keine* Liebe drin, Señora«, bemerkte er sachlich. Synchron sahen meine Kollegin und ich uns um. Alberto trampelte wüst auf einer Sandburg herum, die gerade von Meva und zwei ihrer Freundinnen errichtet worden war. Die Mädchen heulten entsetzt auf, und alle vier Kinder im Sandkasten fingen an, sich anzuschreien. Sofort schmiss Alberto Hände voll Sand auf die verhinderten Juniorarchitektinnen und griff nach ihren Zöpfen, um daran zu ziehen. Marschbereit stand ich auf, aber Francesca blieb entspannt sitzen und ließ uns wissen: »Ich lass die einfach in Ruhe. Das sind *Kinder*. Die müssen sich *ganz* frei entwickeln, und so ein Streit im Sandkasten gehört zur Entwicklung eben mal dazu. Das ist sogar *wünschenswert*, weil es die Konfliktfähigkeit schult.« Schon im Weggehen begriffen, drehte ich mich zu ihr um, deutete Richtung Sandkasten und sagte eindringlich: »Das da schult *nicht* Albertos Konfliktfähigkeit.«

Bevor sie zu einer Erwiderung ansetzen konnte, lief ich Richtung Sandkasten davon, um den Hitzkopf abzukühlen.

Als ich einige Minuten später nach erfolgreicher Deeskalation an den Tisch zurückkehrte und den Sand aus meinen Schuhen schüttete, war Francesca zur Toilette gegangen. Rudolfo schaute mich an und tippte sich an die Stirn. »Deine Kollegin hat sie nicht alle«, informierte er mich. »Ich weiß«, antwortete ich seufzend, doch da echauffierte er sich schon laut flüsternd weiter: »Francesca redet sich die ganze Zeit alles schön, biegt sich alles so zurecht, wie sie es braucht! Sie ist wie Donald Trump, bloß in nett!« Ich musste lachen. »Vielleicht hat ihr das geholfen, acht Jahre an der *Kaspar Hauser* durchzuhalten«, überlegte ich laut. Tina merkte trocken an: »Wenn man an dieser Schule verrückt wird, sollte man dort abhauen.« – »Wer ist verrückt?«, erkundigte sich Francesca, die plötzlich um die Ecke gebogen kam. »*Wir*«, sagte ich schnell, »Wir … sind ganz verrückt nach der Aufführung der Kinder gleich.« Meine lahme Lüge reichte meiner Kollegin völlig aus. »Ich freu mich auch schon!«, pflichtete sie mir strahlend bei und setzte sich wieder auf unsere Bierbank. Wir tranken unseren Kaffee aus und riefen die Kinder zurück ins Zirkuszelt.

Die Kids gaben sich alle Mühe, ihre einstudierten Nummern bestmöglich über die buchstäbliche Bühne zu bringen. Der Eifer der Kinder trieb Francesca Tränen der Rührung in die Augen. »Kannst du mal kurz weiterfotografieren?«, fragte sie mich und drückte mir ihre Kamera in die Hand, um sich die nassen Wangen mit einem Taschentuch trocken zu tupfen. »Du hast doch in den letzten fünf Minuten bestimmt schon 400 Bilder geschossen«, merkte ich vorsichtig an, erntete aber prompt einen strafenden Blick für meinen Einwand. »Das ist sooo ein wichtiger Moment für die Kleinen, da dürfen es schon mal ein paar Fotos mehr sein«, schniefte sie nachdrücklich. Neben Francesca hätte Mutter Theresa wie eine böse Hexe ausgesehen. Ich ergab mich in mein Schicksal und knipste.

Das Ende der Vorstellung läutete auch das Ende des Wandertags ein. Wir machten uns auf den Rückweg zur Schule, der ebenso stressig verlief wie die Hinfahrt zum Zirkus. Zumindest für *mich*, die ich wieder meine liebe Müh hatte, die wilden Kerle der 3c zu zügeln. Währenddessen hatte Francesca in der U-Bahn wieder ihren Wohlfühlplatz neben Meva eingenommen und schaute sich mit ihr gemeinsam die Kameraaufnahmen an. Endlich an der Schule angelangt, machte ich mich nach einer knappen Verabschiedung vom Acker. Ich brauchte dringend ein Kontrastprogramm zur Heile-Welt-Francesca und schlug daheim dem freudig überraschten Tino vor, am Abend zur Abwechslung mal einen Actionthriller über den Bildschirm flackern zu lassen. Nach zwei Teilen *Stirb langsam* fühlte ich mich besser.

KAPITEL 6

# IM REGEN STEHEN

Die darauffolgende Woche startet entspannt, weil ohne Schüler und Eltern, mit einem Studientag. Studientage gibt es ein- oder zweimal im Jahr und dienen dem Kollegium dazu, sich einen ganzen Tag lang der pädagogischen Weiterentwicklung der Schule zu widmen. Wie vorgeschrieben werden in den meisten Schulen an solchen Tagen interne Fortbildungen angeboten, Förderprogramme geschrieben und schulinterne Curricula erarbeitet. Wir von der Kaspar-Hauser-Grundschule machen einen Ausflug.

Bei strömendem Regen fahre ich am Montagmorgen also statt ins Industriegebiet des Nachbarbezirks nach Brandenburg zu einem stillgelegten Schwindsucht-Sanatorium. Ich stelle mein Auto auf dem weitgehend leeren Besucherparkplatz ab und bahne mir durch Pfützen und Matsch mit meinem Regenschirm einen Weg zum vereinbarten Treffpunkt vor dem Haupteingang. Der Info-Zettel zum Studientag kündigt zuerst eine geführte Tour durch die Gebäuderuinen und anschließend ein gemeinsames Mittagessen an. Was das alles mit Schule zu tun hat, wird Dr. Altmann vermutlich in seiner Begrüßungsansprache verraten. Ich zumindest kann abgesehen vom baulichen Zustand des ehemaligen Hospitals keine Parallelen zur *Kaspar Hauser* erkennen.

Meine Kollegen stehen in beschirmten Trauben beisammen und unterhalten sich. »Hallo, Katha!«, ruft Can, der mich gerade entdeckt hat, aus einigen Metern Entfernung unter seiner Kapuze hervor. »Ich habe immer noch nicht den Kompressor gefunden. Bist du sicher, dass …« Mit zusammengekniffenen Augen lege ich eine Hand hinter mein Ohr. »Ich versteh dich ganz schlecht, der Regen ist so laut!«, lüge ich schneller, als ein Pferd rennt, und haste ziellos weiter. Glücklicherweise springt da auch schon Bine in einem neongelben Regencape fröhlich auf mich zu. »Huhu!«, rufe ich in sicherer Vorahnung mit ihr im Chor. »Wie cool, voll gleichzeitig!«, freut sie sich. Ich werfe einen Blick auf meine Uhr. »Ob ich es noch kurz zur Toilette schaffe, bevor es losgeht?«, teile ich meine Überlegung laut mit Bine. »Jaja, keine Eile«, antwortet sie sofort, »Altmann hat gerade bei Frau Fischer angerufen und angekündigt, dass er sich verspätet. Er hat den Studientag vergessen und ist wie gewohnt zur Schule gefahren«, erzählt sie leichthin.

Entnervt verdrehe ich die Augen. Dieser Direktor lässt sein Kollegium nicht nur im übertragenen Sinne im Regen stehen. »Ist doch nicht schlimm, Hauptsache schulfrei!«, versucht Bine meine Laune wieder zu heben. Tatsächlich hellt sich meine Stimmung nun etwas auf, allerdings nicht, weil ich Bines Freude über die *Ab*wesenheit von Schülern teile, sondern weil ich gerade die *An*wesenheit von Frau Weihe bemerke. Seit Wochen ist sie beinahe durchgehend krankgeschrieben, sodass ich noch keine Gelegenheit zu einem Gespräch mit ihr über die immer schwerer im Zaum zu haltende 5f führen konnte. Nun will ich die Gelegenheit beim Schopfe packen, verkneife mir den Toilettenbesuch und steuere nach einer kurzen Entschuldigung an Bine geradewegs auf Frau Weihe zu.

So dezent es mir möglich ist, stelle ich mich in die unmittelbare Nähe von Frau Weihe, die noch in ein Gespräch mit

Frau Fischer vertieft ist. »Nein, nein«, beantwortet diese gerade offenbar eine Frage von Frau Weihe, »ich habe es ihm fünf Mal gesagt und ihn heute früh auch noch mal per SMS daran erinnert. Mehr kann ich nicht machen.« Frau Weihe nickt verständnisvoll. »Hoffentlich findet Altmann jetzt aber auch wirklich hierher. Seine Augen sind ja nicht mehr die besten, und dann noch die nassen Straßen …«, sorgenvoll blickt sie hinauf in den blassgrauen Himmel, dessen Schleusen nach wie vor geöffnet sind. Zumindest *vermute* ich, dass sie sorgenvoll dreinschaut – sie verbirgt ihre Augen wieder hinter ihrer undurchsichtigen Men-in-Black-Brille. Frau Fischer seufzt mit geschlossenen Lidern und reibt sich mit der freien Hand, die keinen Regenschirm hält, die Schläfe. »Ich bin mit ihm eben am Telefon Schritt für Schritt die Bedienung seines Navis durchgegangen und habe ihm den Zielort buchstabiert. Mehr kann ich nicht machen.« Doch, sie hätte ihm noch raten können, vor dem Losfahren noch mal kurz aufs Klo zu gehen, fällt mir ein, aber den Gedanken behalte ich lieber für mich. Ohnehin ruft Herr Holz gerade nach Frau Fischer, die sich daraufhin mit müdem Gesicht aus der Unterhaltung mit Frau Weihe löst und von dannen zieht.

Ihren Platz nehme jetzt ich ein und fülle die folgenden Minuten mit Kriegsberichterstattung aus der 5f. Überrascht stelle ich fest, dass Frau Weihe trotz ihrer häufigen Fehlzeiten die Kids sehr genau kennt, von ihren familiären Hintergründen bis hin zu ihren individuellen Eigenheiten. Die Frau macht einen aufgeräumten Eindruck auf mich, und das *obwohl* ihr beim Sprechen Regentropfen von den Kegelohrenschützern auf die Schultern fallen. Aber leider gehört Frau Weihe zu denjenigen, die nicht mehr kämpfen können.

Sie erzählt mir von ihrer pragmatischen Sitzordnung: vorn die Besten und nach abfallendem Leistungsniveau ganz hinten die Schlechtesten. »Ja, das ist die harte Tour, und selbstverständlich darf es an einer Schule eigentlich so nicht laufen«, gibt sie unumwunden zu. »Aber nach 20 Dienstjahren kann und will ich nicht mehr ständig um die Gunst der Kinder buhlen und betteln. Damit hatte ich einfach zu selten Erfolg. Im Gegenteil, die Schüler haben mir auf der Nase herumgetanzt. Ich habe gelernt: Es gibt Kids, die *wollen* lernen, und es gibt Kids, die wollen *nicht*. Wer Interesse am Unterricht zeigt, sitzt bei mir in der ersten Reihe und bekommt Futter. Der Rest soll von mir aus herumsitzen, Hauptsache, sie halten die Klappe. Ich bin chronisch erkrankt und sehr lärmempfindlich, darauf muss ich Rücksicht nehmen und eben mit viel Härte für Ruhe sorgen.« Leider, leider verstehe ich gut, wovon Frau Weihe redet. Allerdings hätte ich nicht den Mut gehabt, das so unverblümt wie sie auszusprechen. Aber da sie mir gegenüber offen und ehrlich ist, vertraue ich mich ihr an: »Mir tanzen die Kinder auch oft auf der Nase herum. Ich habe das Gefühl, je freundlicher und bemühter ich bin, desto respektloser benehmen sie sich. Das ist doch paradox! Aber ich möchte auch nicht den ganzen Tag die Paukerin mit Rohrstock mimen, so bin ich nämlich eigentlich nicht.« Frau Weihe muss lachen. »So bin ich eigentlich auch nicht!«, erwidert sie. »Wer ist schon von Natur aus gern ein harter Hund, der den ganzen Tag Kinder anschreit?«

Mir fällt da direkt jemand ein, und ich schaue mich ängstlich suchend nach allen Seiten um. Frau Weihe liest meine Gedanken und winkt lässig ab. »Keine Sorge, Frau D. meldet sich bei Kollegiumsveranstaltungen immer krank«, informiert sie mich augenzwinkernd und ergänzt: »Sie stellt zweifelsfrei eine Ausnahme dar, was ihren … sagen wir naturgegebenen Führungsdrang betrifft. Aber für dich gilt wie für die meisten Lehrer: Dein Job besteht zu zehn Prozent aus Fachwissen und zu 90 Prozent aus Schauspielerei. Schütz dich vor einem frühen Burn-out, spiel die Strenge. Und wenn Schüler partout nicht mitarbeiten wollen, lass sie in Ruhe. Du kannst nicht alle retten. Du bist keine Superheldin.«

Da würde ich jetzt gern widersprechen, muss Frau Weihe aber recht geben. Wenn auch ein wenig beleidigt mit vorgeschobener Unterlippe. Wir plaudern noch etwas weiter, bis mein Gang zur Toilette sich nicht länger aufschieben lässt. Als ich wieder aus dem kleinen Häuschen neben dem Parkplatz trete, kollidiere ich fast mit Dr. Altmann, der just in diesem Moment an mir vorbei Richtung Haupttor wetzt. »Guten Morgen, Frau Strafe!«, begrüßt er mich rotwangig. »Beruhigend, dass ich nicht der Einzige bin, der es nicht pünktlich geschafft hat!« Bevor ich das Missverständnis um meine vermeintliche Verspätung ausräumen kann – bei meinem Namen habe ich die Aufklärungsarbeit ohnehin aufgegeben –, läuft der pitschnasse Direktor auch schon strammen Schrittes weiter. Ich folge ihm und überlege, ob ich ihm höflicherweise einen Platz unter meinem Regenschirm anbieten soll. Aber da nimmt schon Frau Fischer Kurs auf unseren Chef, zupft mit schicksalsergebener Miene einen zweiten Schirm aus ihrer Handtasche und drückt ihn Altmann kommentarlos in die Hand.

Endlich kann die Führung durch die verlassene Heilanstalt aus grauer Vorzeit beginnen. Ich erfahre viel über ansteckende Krankheiten und die Berechnung von Bettkapazitäten. Herzlichen Dank an Sie, liebe Steuerzahler, für Ihre Finanzierung dieser interessanten Exkursion, auch wenn ich in Bezug auf Lehrpläne und Schulentwicklung trotz »Studientag« leider genauso schlau bin wie zuvor. Doch keine Bange, Ihr Geld wird nicht nur zum Fenster rausgeworfen: Morgen muss ich mit Sicherheit wieder ordentlich für mein Gehalt schuften, denn einige Kollegen befürchten schon jetzt lauthals, vom Dauerregen eine Erkältung davonzutragen …

Und auch heute wird noch gearbeitet, beschließe ich, nachdem Dr. Altmann uns nach dem gemeinsamen Mittagessen in den Feierabend entlassen hat und ich wieder im Auto sitze. Ich habe mir vorgenommen, Frau Weihes Ratschläge zu beherzigen und an meinem Ruf als konsequenter, strenger Lehrerin zu feilen. Ich denke, ein wenig Unterstützung kann dabei nicht schaden, also setze ich als erste Maßnahme Anrufe bei den Eltern einiger Satansbraten auf meine gedankliche To-do-Liste. Natürlich habe ich es schon früher mit Petzen bei Mamas und Papas probiert, aber zu schnell frustriert aufgegeben, wenn die Telefonnummern auf den Klassenlisten wieder mal veraltet waren oder auch nach dem hundertsten Versuch niemand das Gespräch annahm oder fehlende Deutschkenntnisse einen Dialog verunmöglichten. Dieses Mal soll es anders laufen: Ich bleibe dran, ich beiße mich fest, ich bin ein Terrier.

Daheim schließe ich voller Tatendrang die Wohnungstür auf. Ein verlockender Bratgeruch strömt durch den Flur an meine Nase. Tino steckt seinen Kopf aus der Küche und lächelt mich an. »Möchtest du auch eine Portion …« – »Also erst mal begrüßen wir uns anständig, bevor ich eure Fragen beantworte!«, falle ich ihm ruppig ins Wort. Tino blinzelt verwirrt und schaut suchend umher. »Hä? Wieso denn *eure* Frag…«, setzt er an, aber ich unterbreche ihn aufs Neue: »Es kann ja wohl nicht wahr sein! *Keine* Fragen *vor* der Begrüßung, habe ich gesagt!« Mein

Liebster fährt sich mit der Hand nachdenklich über den Bart. »Hallo«, presst er schließlich angesäuert zwischen den Zähnen hervor. »Na bitte, geht doch!«, lobe ich ihn und sage meinerseits ebenfalls Hallo. Er tritt aus der Küche in den Flur und macht einen Schritt auf mich zu, aber ich gebiete ihm mit erhobenen Händen sofort Einhalt. »Auch *nach* der Begrüßung bleiben alle auf ihren Plätzen! Wer eine Frage hat, meldet sich und wartet, bis ich ihn aufrufe«, sage ich in scharfem Ton.

Tino bleibt im Türrahmen stehen, jetzt mit ratlos geöffnetem Mund. Einige Sekunden herrscht Stille zwischen uns, dann hebt er widerwillig den Arm. »Ja bitte, Tino?«, reagiere ich höflich auf seine Meldung. »Hast du auf dem Ausflug irgendwas gegessen oder getrunken, was Frau D. dir angeboten hat?«, erkundigt sich mein Freund besorgt. Erst da wird mir klar, dass ich wohl schon ein wenig zu tief in meine neue Wunschrolle geschlüpft bin, und es tut mir augenblicklich leid, Tino so angefahren zu haben. Ich schüttle den Kopf und mache ein unglückliches Gesicht. »Entschuldige«, sage ich erschöpft, »ich muss unbedingt trainieren, strenger und konsequenter zu sein. Du bist mir wohl gerade als Testobjekt dafür vor die Flinte geraten.«

Ich gehe mit ihm in die Küche und erzähle ihm von dem langen Gespräch mit Frau Weihe über meine Autoritätsprobleme und informiere ihn über meine daraus gefassten Vorhaben. Tino schaut mich mitfühlend an und schließt mich nach Ende meines Sermons in Beschützerpose in die Arme. Prompt spüre ich, wie meine innere Anspannung von mir abfällt, und ich kuschle mich an ihn heran. Doch plötzlich richte ich mich wieder kerzengerade auf und schubse meinen Freund zurück. »Nein!«, rufe ich entschieden und stapfe in den Flur hinaus Richtung Arbeitszimmer. »Schluss mit Schwäche! Von nun an bin ich hart wie ein Bullenhorn. Und damit das auch gleich alle merken, tätige ich jetzt sofort ein paar längst überfällige Elternanrufe.« Ohne dass Tino etwas erwidern kann, schließe ich geräuschvoll die Tür hinter mir. Ich setze mich an meinen Schreibtisch, zücke die Telefonliste der 5f aus meiner Schultasche und fahre mit dem Finger die Namen entlang. Kurzentschlossen tippe ich Ergüns Nummer ins Handy ein und versuche mich somit als Erstes bei ihm an der Widerspenstigen Zähmung.

Der Junge macht weder Haus- noch Strafarbeiten, stört den Unterricht und spielt Klassenclown. Gern hätte ich darüber schon früher mit seinen Eltern geredet, aber deren schulisches Engagement ist nicht größer als das ihres Sohnes: Die beiden sind bisher zu keinem Elternabend oder -sprechtag erschienen. Aber immerhin haben sie der *Kaspar Hauser* ihre korrekte Telefonnummer mitgeteilt, stelle ich nun zu meiner Überraschung fest, als ein Mann sich mit dem gleichen Nachnamen wie Ergün meldet. Ich stelle mich vor und frage, ob ich tatsächlich Ergüns Vater am Hörer habe. »Ja, leider«, gibt Herr Gönül lapidar Auskunft und verschlägt mir damit kurz die Sprache. Selten haben mir zwei knappe Elternworte so viel über die Ursachen für die Aufsässigkeit eines Kindes verraten. »Was hat er dieses Mal ausgefressen?«, fragt er wie jemand, der Enttäuschungen gewohnt ist, in die Stille hinein. Ich versuche mich von der ungewöhnlichen Vaterschaftsanerkennung nicht aus dem Konzept bringen zu lassen und schildere Herrn Gönül meine Schwierigkeiten mit seinem Sohn. »Und was soll *ich* da machen?«, will er hinterher wissen.

Puh, darüber hatte ich mir ehrlich gesagt keine konkreten Gedanken gemacht, weil ich ja Lehrerin und kein Erziehungscoach bin. »Ähm, vielleicht sprechen Sie mal ein ernstes Wörtchen mit Ergün?«, schlage ich daher unbeholfen vor. Als Antwort erhalte ich ein verächtliches Schnauben. »Denken Sie, ich hätte nicht schon tausend ernste Wörtchen mit Ergün gewechselt? Erst hab ich geredet, dann hab ich geschlagen. Aber egal, was ich mache, Ergün und seine sechs Geschwister hören einfach nicht. Keine Ahnung, was ich falsch mache. Aber *ich* kann Ihnen bei Ihren Problemen mit Ergün jedenfalls nicht helfen, das müssen Sie schon selber machen, Sie sind ja schließlich Lehrerin.«

Direkt im Anschluss höre ich gedämpft, wie Herr Gönül kurz mit einer anderen Person vor Ort auf Türkisch spricht, bevor er wieder an mich adressiert sagt: »Frau Strofe, ich muss jetzt weiterarbeiten. Einen schönen Tag noch.« Klick. Herr Gönül hat aufgelegt. Wütend presse ich die Lippen aufeinander. Wütend darüber, dass der siebenfache Vater sich mit seiner angeblichen Hilflosigkeit einfach aus der Verantwortung stiehlt, dass er seine Erziehungspflicht auf uns Lehrer abwälzt, dass er das Telefonat so dreist beendet und ich dadurch zum zweiten Mal an diesem Tag im Regen stehen gelassen werde.

Unter dem selbstbetrügerischen Vorwand, mir ja bloß einen Kaffee zu genehmigen, hole ich mir aus der Küche einen Cappuccino mit einem ordentlichen Schuss Likör. Wie sich zeigt, kann ich das Getränk in aller Ruhe genießen, denn die Telefonnummern der nächsten Familien, die ich zu erreichen versuche, sind entweder laut automatischer Ansage nicht vergeben oder es nimmt niemand ab. Schließlich gebe ich auf, mache mir einen weiteren »Kaffee« und schreibe am Laptop einen kurzen Elternbrief, in welchem ich um die Eintragung der aktuellen Telefonnummern unten auf dem Blatt bitte. Den Schrieb teile ich gleich morgen der 5f aus, zumal sich voraussichtlich nach der nahenden Deutscharbeit noch mehr Gesprächsbedarf mit Eltern ergeben wird …

In den Folgetagen wird diese Befürchtung noch konkreter – umso ärgerlicher, dass ich lediglich eine Handvoll Elternbriefe mit der erbetenen Telefonnummer zurückerhalte. Ich habe für die letzten Stunden vor der Klassenarbeit über Wortarten einige Wiederholungsaufgaben vorbereitet, die die Kids nach wochenlanger Auseinandersetzung mit dem Thema eigentlich im Schlaf beherrschen müssten. Fünf Tage pro Woche habe ich mit den Schülern Nomen, Verben und Adjektive beackert, um sie fit für die – wie es heute heißt – »Lernerfolgskontrolle« zu machen.

Es gab Merksätze, tabellarische Übersichten, Übungsblätter, einen Lückentext in Form einer von mir selbst verfassten Geschichte über die 5f, Stationenarbeiten, einen Zwischentest und last but not least noch das buchstäbliche Vortanzen der Wortarten durch ein Pantomime-Spiel, das ich bis spätabends geplant, gelayoutet, ausgedruckt und laminiert habe. Und der Lernerfolg meiner Bemühungen? In der letzten Stunde vor der Klassenarbeit können mir ganze vier von 26 Fünftklässlern die Frage beantworten, was ein Nomen ist.

Mit hängenden Schultern stehe ich vor der Tafel und kann einfach nicht begreifen, warum die meisten Schüler nichts begriffen haben. Ich halte mit meiner Enttäuschung nicht hinterm Berg und appelliere an das Ehrgefühl der Fünftklässler, indem ich sie darüber informiere, dass unser Unterrichtsthema eigentlich schon bei Zweit- und Drittklässlern auf dem Plan steht. »Wortarten sollten also Babykram für euch sein«, sage ich in der Hoffnung, dass meinen Schülern ihr Unwissen nun peinlich ist und sie sich mehr anstrengen.

Wie immer scheitere ich mit dieser Methode. Die Kinder tragen ein unumstößliches Selbstbewusstsein zur Schau, Zweifel an ihren Fähigkeiten wischen sie nonchalant beiseite, oder aber sie flippen regelrecht aus, wenn sie eine – natürlich total unfaire – schlechte Zensur kassieren. Und wenn sie wirklich einmal zugeben müssen, etwas nicht zu können, wird das Nichtgekonnte kurzerhand als unwichtig abgetan. So macht es nun auch Ewa: »Wortarten *sind* ja auch Babykram, also null Bock drauf!«, pampt sie mich mit verschränkten Armen an. »Ja Mann, voll behindert!«, pflichtet Bobbi ihr bei. Auch Ali bringt noch ein Argument in die Diskussion ein: »Ich brauch die Scheißschule eh nicht, ich werd sowieso mal Gangster.« Die restliche Klasse beklatscht johlend Alis Karriereplan. Ich versuche, humorvoll aufs Unterrichtsthema zurückzulenken: »Okay Ali, und was *tust* du später als Gangster? Nenne ein Verb!« Ali grinst provokant und ruft: »Drogen!« Reflexartig schlage ich mir die Hand vor die Stirn. Mit geschlossenen Augen frage ich: »Malina, ist ›Drogen‹ ein Verb?« Prompt erhalte ich die richtige Antwort: »Nein, ›Drogen‹ ist ein Nomen.« Ich nicke und hake bei Malinas Sitznachbarin nach: »Liesa, woran erkennst du ein Nomen?« – »Daran, dass man einen Artikel davorsetzen kann. *Die* Drogen«, gibt das Mädchen korrekt Auskunft.

Bei Ergün ist jetzt der Groschen gefallen: »Ah, also ist Haschisch auch ein Nomen? Weil es *das* Haschisch heißt?« – »Exakt«, bestätige ich, frage mich aber noch immer, wie dieses einfache Prinzip die letzten Wochen über an ihm vorbeigehen konnte. »*Der* Alkohol! Noch ein Nomen!«, teilt jetzt auch Aragorn, der sein Versprechen aus der Survival-Sportstunde bisher schönerweise eingehalten hat, seinen Erkenntnisgewinn mit der Klasse. Ich recke den erhobenen Daumen in seine Richtung. »Oder *das* Tilidin!«, schlägt Mustafa vor. Ich stutze: »Woher kennst du denn Tilidin?«, frage ich verblüfft. »Ausm Track von Capital Bra«, gibt Mustafa den bekannten Gangster-Rapper als

Informationsquelle preis. »Ich kenn das Zeug auch«, mischt sich Sara ein, »mein Bruder … Egal. Tilidin ist ein O-pi-o-id, hilft gegen Schmerzen.«

Ich traue meinen Ohren kaum. Sara hat im letzten Deutschtest null Punkte erreicht, aber sie kann Tilidin der richtigen Arzneistoffgruppe zuordnen. Mich beschleicht das Gefühl, dass mir die Stunde thematisch langsam entgleitet, also kehre ich an den ursprünglichen Punkt zurück und wende mich erneut Ali zu: »Also, du kleiner Gangster: Wie du gehört hast, sind ›Drogen‹ Nomen. Wir suchen aber ein *Verb*, also ein *Tu-Wort* …?« In der Erwartung, dass er endlich ein Verb ausspuckt, hefte ich meinen Blick an den Jungen. Ali kratzt sich überfordert am Hinterkopf und macht ein ratloses Gesicht. Langsam verliere ich die Geduld. »Was *tust* du denn als Gangster mit den Drogen?!«, frage ich Ali harsch. Endlich, ein Geistesblitz: »Verkaufen!«, ruft Ali. »Ja, super!«, lobe ich begeistert, da lenkt ein vernehmliches Räuspern meine Aufmerksamkeit Richtung Klassenzimmertür.

In deren Rahmen steht Frau Fischer, in der Hand einen kleinen Stapel Zettel und im Gesicht eine große Portion Skepsis. »Ich will gar nicht lange stören bei … was auch immer Sie da gerade machen«, sagt sie, wobei sie einen besorgten Blick durch die Schülerreihen schweifen lässt. »Aber ich muss Sie kurz unter vier Augen vor der Tür sprechen, Frau Strofe.« Mit hochrotem Kopf folge ich der Konrektorin nach draußen.

Ich setze gerade zu einer Rechtfertigung an, da unterbricht Frau Fischer mich freundlich, aber bestimmt: »Ich bin mir sicher, Sie haben eine vernünftige Erklärung für diese Szene gerade. Darum soll es jetzt aber nicht gehen, sondern um das, was gestern früh vor der Schule passiert ist. Bestimmt sind Sie im Bilde?« Ich bestätige Frau Fischers Vermutung, und meine

Gesichtsfarbe wechselt bei der Erinnerung an den gestrigen Morgen von Rot zu Weiß.

Ein fremder Mann hat sich nur wenige Meter vor der Schule im allmorgendlichen Trubel einem Mädchen gegenüber als Bekannter seiner Eltern ausgegeben. Er erzählte der Viertklässlerin, dass ihre Mutter gerade einen Unfall gehabt habe und er geschickt worden sei, um die Tochter zu ihr ins Krankenhaus zu fahren. Die Kleine war bereits drauf und dran, in das Fahrzeug zu steigen, als eine Klassenkameradin des Weges kam und ihre Freundin fragte, was sie vorhabe. Die Situation war ihr suspekt, also forderte sie geistesgegenwärtig ihre Mitschülerin lautstark auf, von dem Auto des Fremden zurückzutreten, und drohte dem Mann damit zu schreien. Der mutmaßliche Entführer brauste daraufhin davon, und die Mädchen rannten erschrocken ins Sekretariat, wo sie den Vorfall erst der Sekretärin und kurz danach den herbeigerufenen Polizisten schilderten. Die Geschichte machte im Kollegium in Windeseile die Runde und jagte uns allen einen gehörigen Schreck ein.

Und einen solchen bekomme ich nun gleich noch mal, als Frau Fischer mir sichtlich zerknirscht ihre mitgebrachten Zettel überreicht. Ein kurzer Blick darauf verrät, dass es sich dabei um Informationsschreiben zu dem Vorfall und damit verbundene Handlungsempfehlungen handelt, adressiert an alle Eltern unserer Schüler und versehen mit dem Datum von gestern. Ich schaue vom Blatt hoch in Frau Fischers müde Augen. Sie breitet in beschwichtigender Geste die Arme aus und sagt: »Ich weiß, die Schulleitung hätte das Schreiben natürlich gleich gestern allen Kindern austeilen müssen. Aber leider ist das in der Aufregung wohl untergegangen. Ich selbst war gar nicht hier, ich musste bei meiner erkälteten Tochter zu Hause bleiben. Wenn

Sie die Zettel also *jetzt* bitte herumreichen würden …?« – »Wird erledigt«, sage ich, »aber heißt das, die Elternschaft *weiß* noch gar nichts über die versuchte Entführung?« Da ich keine Klassenlehrerin und deshalb für Elternbriefe und Co. nicht zuständig bin, wusste ich bis eben nichts davon, dass die Eltern nichts davon wissen. Frau Fischer weicht meinem Blick aus und kratzt sich am Hinterkopf. »Wie gesagt, die Informationspolitik ist nicht optimal gelaufen«, räumt sie ein.

Einmal mehr macht mich diese Schule fassungslos. Wenn ich ein Kind an der *Kaspar Hauser* hätte, wüsste ich gern zeitnah darüber Bescheid, wenn direkt vor der Schule ein Mädchen um Haaresbreite Opfer eines Pädophilen wird. Damit ich noch mal mit meinem Kind darüber reden kann, wie es sich verhalten soll, wenn es von Fremden angesprochen wird. Damit ich meinem Kind Ängste nehmen kann, die durch einen solchen Vorfall möglicherweise entstehen. Damit ich mein Kind vielleicht ein paar Tage lang wieder selbst zur Schule bringe, anstatt es allein laufen zu lassen. Zusammengefasst: damit ich mein Kind beschützen oder ihm wenigstens das dazugehörige Gefühl vermitteln kann.

Der steigende Lautstärkepegel, der gedämpft durch die Tür aus der Klasse dringt, reißt mich aus meinen Gedanken, und ich schicke mich an, wieder zu meinem kleinen Exkurs in Drogenkunde zurückzukehren. Frau Fischer muss sowieso weiter, um ihre überfälligen Schreiben zu verteilen und zudem noch Urnen und Stimmzettel für die Wahl zum Schulsprecher in der kommenden Hofpause vorzubereiten. Wieder in der 5f, deponiere ich die Zettel auf dem Lehrertisch, weil ich sie erst am Ende der Stunde ausgeben möchte. Andernfalls, so meine Befürchtung, kommen wir noch weiter vom Thema der Klassenarbeit ab als ohnehin schon. Und dass für die Arbeit noch dringend weitere Vorbereitungen nötig sind, ist ja leider offenkundig. In der verbleibenden Zeit bis zur Pause gebe ich wahrlich mein Bestes. Ich erkläre, wiederhole, veranschauliche, umschreibe, unterstreiche.

Capital Bra bringt den Kindern in einem dreiminütigen Song bei, was Tilidin ist. Und ich schaffe es selbst nach wochenlanger Anstrengung nicht, ihnen die banalen Unterschiede zwischen Nomen, Verben und Adjektiven zu verklickern. Auch die Pausenklingel kann mich heute nicht aufmuntern. Ich bin unzufrieden mit mir und habe ein schlechtes Gewissen, weil ich es nicht schaffe, die ganze Klasse ins Boot zu holen. Für die einen ist mein Unterricht zu schwer und deshalb frustrierend, für die anderen ist er zu leicht und darum langweilig. Die Willkommenskinder verstehen »bloß« noch nicht genug Deutsch, um richtig folgen zu können, manche I-Kinder werden trotz Deutsch als Muttersprache niemals mehr als ihren eigenen Namen lesen oder schreiben können, selbst wenn ich mir ein Bein ausreiße. Dass viele Kids außerdem generell keine Lust auf Schule haben, macht das Unterrichten, geschweige denn das Einhalten irgendwelcher Lehrpläne, auch nicht einfacher. Und genau wie Roya berichtet hat, ist Unterstützung durch eine zweite Lehrkraft Fehlanzeige. Klassen mit weniger Schülern zu füllen, ist genauso wenig drin, denn dafür würden zusätzliche Lehrer benötigt, und davon gibt es ja eh vorn und hinten nicht genug.

*Apropos: Der Lehrermangel wundert mich ehrlich, so hartnäckig, wie sich beispielsweise noch immer das Gerücht vom Pauker hält, der vormittags recht und nachmittags frei hat. Mein Bekanntenkreis (und wenn Sie Lehrer sind, gewiss auch der Ihre) reproduziert feixend ein Lehrerklischee nach dem anderen.*

*Wenn ich bei einem abendlichen Bier in gemütlicher Runde kundtue, dass ich einen anstrengenden Arbeitstag hatte, gibt es stets einen, der weiß: »Tss, du hast doch immer schon um halb zwei Feierabend, ich gehe dann gerade mal in die Mittagspause!«*

*Wenn ich meine Vorfreude auf eine anstehende Reise verlautbare, wird garantiert aus irgendeiner Ecke gespottet: »Du Arme musst wirklich urlaubsreif sein, wo du doch ›nur‹ zwölf Wochen Ferien pro Jahr hast!«*

*Wenn ich eine Verabredung verschiebe und mich mit Unterrichtsvorbereitungen dafür entschuldige, ernte ich Unverständnis: »Wieso musst du denn was vorbereiten? Wenn man einmal eine Klassenstufe unterrichtet hat, dann kann man das Material doch unendlich wiederverwenden!«*

*Und das Salz in der Vorurteilssuppe ist die latente Behauptung, dass Lehrer ständig jammern. Leute, im Ernst: Menschen* **aller** *Berufsgruppen »jammern« ständig über ihren Job. In meinem Freundeskreis hat vom Verkäufer bis hin zum Steuerberater jeder mal Anstrengendes über seine Erwerbstätigkeit zu berichten. Das finden alle, einschließlich mir, völlig normal. Bei Lehrern wird das merkwürdigerweise anders bewertet. Noch merkwürdiger ist aber, dass nur so wenige Personen Lehrer werden möchten, obwohl der Beruf den Klischees zufolge doch so paradiesisch anmutet …*

Alles in allem hat die Vorbereitungsstunde auf die Lernerfolgskontrolle lediglich offenbart, dass die Kids keine Lernerfolge hatten. In meiner Hilflosigkeit tue ich, was hilflose Lehrer weder tun sollen noch wollen, aber mangels Alternativen eben machen: Ich »überarbeite« die Klassenarbeit. In den Computerraum zurückgezogen, öffne ich die entsprechende Datei und simplifiziere die ohnehin schon leichten Aufgaben weiter.

Aus »Notiere fünf Verben!« wird »Notiere fünf Verben (zum Beispiel: *laufen*)!«. Wo es über einer Tabelle mit den beiden Spalten »Singular« und »Plural« vorher hieß »Schreibe drei Nomen mit ihrem bestimmten Artikel im Singular auf und bilde ihren Plural!«, hat die Tabelle jetzt Gesellschaft von einem Textfeld mit zehn vorgegebenen Nomen wie »Tisch«, »Kind« oder »Schule« bekommen. Die Aufgabe lautet nun »Schreibe drei Nomen aus dem Wortkasten mit ihrem bestimmten Artikel im Singular (Einzahl) auf und bilde ihren Plural (Mehrzahl)!«

Mit anderen Worten: Ich spiele Niveau-Limbo. Was bleibt mir übrig? Wenn ich mich in Bezug auf die Leistungsanforderung nicht nach unten strecke und die Klassenarbeit schlecht ausfällt, habe ich hinterher frustrierte Kinder *und* ein Gespräch mit der Schulleitung an der Backe, vor der ich die miserablen Zensuren rechtfertigen muss. Denn was Eltern und Schüler gerne glauben, sieht auch die Bildungspolitik so: Schlechte Note? Schuld ist der Lehrer! Die Schulleiter wissen es meistens besser, aber auch sie bekommen (Noten-)Druck »von oben« und müssen diesen an uns Lehrer eben weiterreichen.

Das Resultat ist eine Inflation guter Zensuren, die kaum noch ernst zu nehmende Auskunft über den reellen Leistungsstand eines Schülers gibt. Und aus dieser Zwickmühle erwächst das Paradoxon, dass die Abiturnoten in Deutschland jährlich besser werden, aber unsere PISA-Ergebnisse seit 2000 stagnieren. Notieren Sie drei Adjektive, die ausdrücken, wie Sie das finden.

KAPITEL 7

# STINKENDER FISCHKOPF ZU WEIHNACHTEN

Die Deutscharbeit fällt trotz meiner Vereinfachungsmaßnahmen nur mittelprächtig aus. Die Durchschnittsnote liegt bei 3,3, mein Durchschnitts*puls* beim Korrigieren dagegen bei 180 und mein Promillepegel durch den vermehrten Konsum von Likörkaffee um 0,9. Eine Reihe Schüler hat nicht wie gefordert fünf Verben notiert, sondern stattdessen das Beispielwort »laufen« konjugiert – also »ich laufe, du läufst, er/sie/es läuft« und so weiter aufs Papier gekritzelt. Auch die Aufgabe zu den Nomen wurde von vielen Kindern missverstanden. Sie haben die vorgegebenen Wörter einfach wahllos in die Tabelle eingetragen, ohne den bestimmten Artikel dazuzuschreiben und die Mehrzahl zu bilden.

Ich tröste mich damit, dass in der neuen Woche endlich meine Mädchenfußball-AG anläuft, und sehe wenigstens dort eine Chance darauf, Lernerfolge zu generieren. Immerhin haben die Mädels sich ja freiwillig angemeldet und zeigen damit echtes Interesse an der Sportart. Das Gleiche kann man von der Schulleitung unglücklicherweise nicht behaupten – zumindest hat sie auch nach mehreren Erinnerungen meinerseits noch keine neuen Bälle geordert. Da zudem der Kompressor nach wie vor unauffindbar ist, müssen meine angehenden Nationalspielerinnen und ich uns vorerst mit Trockenübungen begnügen. Also lasse ich wieder mein Laminiergerät heiß laufen und foliere eifrig Aufstellungsformationen und Taktikübersichten. Achtung, Spoiler: Die Mühe hätte ich mir sparen können. Schon in der ersten AG-Stunde am frühen Nachmittag habe ich alle Hände voll damit zu tun, die knapp 30 Mädchen herunterzukochen. Klar sind die Kids (und ich) nach sechs Schulstunden unkonzentriert und haben durch das viele Stillsitzen einen unbändigen Bewegungsdrang. Kurz und gut: Sie räumen erst mal richtig auf mit der alten Mär von wilden Jungs und demgegenüber folgsamen Mädchen. Die unablässigen schrillen Schreie heller Stimmchen schneiden in mein Hirn wie Kreissägeblätter. Die Mädels finden – und da erfüllen sie leider doch wieder ein Klischee – in einfach *allem* einen Grund, um ihre Stimmbänder zu strapazieren. Die beste Freundin betritt die Sporthalle: ekstatisches Kreischen. Sichtung eines Käfers auf der Fensterbank: gellende 1000 Dezibel. Die Trinkflasche tropft: ein markerschütternder Schrei.

Ein paar Tinnitus-Attacken später gelingt es mir mithilfe meiner nicht minder schrillen Handpfeife, die Kinder zusammenzutrommeln. Nein, »Handpfeife« ist kein Tippfehler, sondern die große, laute Schwester der Trillerpfeife. Fünf gut investierte Euro, die mich vor Heiserkeit und einer Karriere als Gesangsdouble von Louis Armstrong bewahren. Endlich sitzen die Kinder im Halbkreis vor mir auf dem Hallenboden, und ich hole zu einer Entschuldigung dafür aus, dass wegen fehlender Bälle und Kompressoren in der Fußball-AG vorerst nur behelfsmäßig Fußball gespielt werden kann. »Gar nicht schlimm, Frau Strofe!«, beruhigt mich Hanna. »Wir wollen eh lieber tanzen als Fußball spielen. Dürfen wir Gruppen bilden und uns Choreografien ausdenken?« Die Mädels um Hanna herum nicken aufgeregt und flüstern bereits über die Gruppenaufteilung. »Warum habt ihr denn die Fußball-AG gewählt, wenn ihr eigentlich tanzen wollt?«, frage ich etwas gekränkt. Hanna antwortet lakonisch: »Die Tanz-AG ist voll. Außerdem klingt es voll cool, wenn man als Mädchen sagt, dass man Fußball spielt.« – »Wäre es nicht noch cooler, wenn ihr auch wirklich Fußball *spielt* und das nicht bloß erzählt?«, frage ich, »Stellt euch mal vor, was die Jungs für Augen machen, wenn ihr ihnen im Sportunterricht plötzlich die Bälle abnehmt ...«, locke ich meine Mannschaft, die gar keine sein will. Die Mädels überlegen, stecken die Köpfe zusammen und beraten sich flüsternd.

Ich muss grinsen; die Ernsthaftigkeit, mit der sie ihre Argumente abwägen, ist einfach süß. Schließlich ist die Jury zu einem Urteil gelangt. »Hört sich gut an«, verkündet Hanna in geschäftsmäßigem Ton, »aber wir wissen echt *gar nichts* über Fußball.« – »Kein Problem, darauf bin ich vorbereitet«, versichere ich der Truppe strahlend, flitze an den Rand der Halle und hole meine dort abgestellten Info-Schilder. »Also«, sage ich und halte das Plakat mit einer klassischen Aufstellungsformation in die Höhe, »fangen wir mit den Linien an, die ihr auf dem abgebildeten Spielfeld seht. Diese hier ist die Torlinie. Wenn der Ball gänzlich hinter diese gelangt, zählt das Tor. Und dort befindet sich die sogenannte Mittellinie, von dort aus startet das ganze Spiel, indem man ...« – »Boring!«, ruft Latoya dazwischen und lässt sich demonstrativ aus dem Schneidersitz nach hinten auf den Boden fallen. Unglaublich, wie beweglich Kinder sind. »Wir verstehen nur Deutsch«, informiere ich sie achselzuckend. Latoya setzt sich wieder auf und verdreht die Augen. »Langweilig!«, wiederholt sie genervt, aber immerhin in unserer Landessprache.

»Sehr gut«, lobe ich und räume sogleich eventuelle Missverständnisse aus: »Äh, also gut, dass du das auf Deutsch gesagt hast. Dass mein Vortrag langweilig ist, finde ich natürlich *nicht* gut.« – »Ist er aber«, pflichtet Hanna Latoya nüchtern bei und erntet zustimmendes Gemurmel von den anderen. Auf der Suche nach Verbündeten schaue ich Hilfe suchend zur etwas abseits sitzenden Angelija, die in unseren Förderstunden mir gegenüber stets sehr aufgeschlossen ist und ehrgeizig in kurzer Zeit passabel lesen und schreiben gelernt hat.

Doch jetzt hebt sie bloß entschuldigend die Hände und sagt: »Ich bin nur hier, weil meine Mutter hat gesagt, ich zu dick und muss Sport machen.« Ich schiebe enttäuscht die Unterlippe vor und probiere es mit Logik: »Bei jedem Spiel müsst ihr doch zuerst den Aufbau und die Regeln kennen, bevor …« – »Können wir nicht einfach direkt 'ne Runde spielen?«, schneidet Viola mir meine Argumentationslinie ab. Die zustimmenden Rufe von allen Seiten setzen mich schachmatt, und ich lasse seufzend meine Schautafel sinken. »Okay, ich suche mal nach irgendwas, was als Fußball durchgeht«, sage ich ergeben, und die Kinder springen sofort kreischend auf. »Bildet ihr in der Zeit bitte zwei Mannschaften!«, übertöne ich das Geschrei und gehe zum Geräteraum hinüber.

Ich schließe auf, schnappe mir die Leibchen, um damit die Teamzugehörigkeit zu kennzeichnen, und nehme einen kleinen Schaumstoffball aus dem Regal. Zu meiner Überraschung hat die kurze Zeit ausgereicht, um in der Halle einen veritablen Zickenkrieg ausbrechen zu lassen. »Ich will nicht in die andere Mannschaft!«, heult Magda lautstark, während ihr die Tränen in Sturzbächen die Wangen hinablaufen. »Aber bei uns ist kein Platz mehr!«, giftet Hanna sie an, hinter der eine tuschelnde Gruppe Mädels eng beisammensteht. »Bei uns ist auch kein Platz mehr!«, brüllt die einige Meter entfernt stehende Zainab, um die sich ebenfalls eine dicht gedrängte Traube Mädchen versammelt hat.

Latoya, die jetzt wieder auf dem Boden irgendwo in der Mitte zwischen den beiden Feindeslagern herumliegt, hebt den Kopf in meine Richtung und konstatiert: »Du sehen? Weiße people sind immer gemein!« – »Boah, was hat die denn immer mit ihren Weißen und Schwarzen?«, stöhnt Zainab laut auf, und ich freue mich trotz steigenden Stresspegels diebisch über das offene Unverständnis für Latoyas rassistische Ressentiments.

Das muss man der *Kaspar Hauser* lassen: Rassistische Beschimpfungen höre ich hier keine. Nicht, dass die Schulleitung dagegen irgendwelche Anstrengungen unternimmt, aber die schiere Multikulturalität an einer Schule mit Kindern aus mehr als 50 Herkunftsländern unterbindet quasi selbstständig jede Form von Nationalismus. Natürlich Latoya ausgenommen.

Da mir vom Lärm schon fast die Ohren bluten, mache ich kurzen Prozess und teile die Mädchen unter deren unglücklichem Gejaule via Abzählen selbst in Mannschaften ein. Vor dem Anpfiff unternehme ich noch den zaghaften Versuch, die Kinder in eine halbwegs akzeptable Aufstellung zu formieren. Doch sobald das Spiel startet, stürzen freilich alle wie von einem Magneten angezogen hinter dem runden Leder, äh, Schaumstoff her. Es erweist sich als wahrer Segen, dass kein normaler Fußball zur Verfügung steht, denn der Ball fliegt völlig unkoordiniert durch die Gegend und klebt weitaus häufiger an Gesichtern und Hintern als an Füßen.

Wenigstens können sich die Kids mal richtig auspowern, rede ich mir die Szenerie gerade schön, da verlieren die Mädels bereits die Lust am Flipperfußball und erlahmen zusehends. »Haben wir jetzt genug gespielt und dürfen tanzen?«, bettelt Hanna wortwörtlich im Schweiße ihres Angesichts. Sofort heften sich Dutzende erschöpfte Kinderaugen hoffnungsvoll an mich. »Na gut«, stimme ich zu und werde dafür mit Jubelgeschrei bestraft. Sofort finden sich die Mädels in ihren Cliquen zusammen und studieren Tanzschritte ein. Ich lasse mich auf eine Bank neben meine Fußballschilder plumpsen. Vielleicht war der Einstieg ins Thema mit den Dingern ein wenig überambitioniert, überlege ich. Und es muss ja nicht unbedingt Fußball sein, so wie die Kinder nun alle quietschvergnügt in ihren Grüppchen vor sich hin zappeln. Ich vertrödle die Zeit bis zum Stundenende gemütlich auf der Bank im Energiesparmodus.

Als der Gong ertönt, hieven meine Schülerinnen artig ihre Matten zurück auf den Wagen im Geräteraum und verschwinden in der Umkleide. Ich drehe eine Runde durch die Halle, lösche überall das Licht und verriegle mit meinem Generalschlüssel gewissenhaft alles, was ein Schloss zu bieten hat. Als ich kein gedämpftes Plappern mehr höre, vergewissere ich mich, dass die Kabine leer ist, und schließe auch sie ab. Ich verlasse über den Flur die Halle, vor der zu meiner Überraschung Danja auf dem ansonsten leer gefegten Hof steht. »Was machst du denn noch hier?«, frage ich meinen AG-Schützling und sehe mich automatisch nach ihrer Zwillingsschwester um, weil die beiden für gewöhnlich im Doppelpack unterwegs sind. »Ich warte auf Tanja«, antwortet das Mädchen und erklärt damit sogleich die Abwesenheit ihrer Schwester.

*Ja genau, die beiden heißen Danja und Tanja. Da müssen Sie grinsen? Dann mal aufgepasst, wir haben an der Kaspar Hauser noch ein männliches Zwillingspaar: Ihad und Dschihad. Ich schwöre bei allen (kriegerischen) Heiligen, das ist die Wahrheit. Die Kreativität von Eltern bei der Namensgebung ist grenzenlos.*

»Wo steckt Tanja denn?«, erkundige ich mich. Danja schaut verblüfft in den Vorraum der Turnhalle und sagt: »Wahrscheinlich da drinnen. Sie hat noch mit Pia und Hanna gequatscht, da bin ich schon mal vorgegangen. Aber es ist noch keine von den dreien rausgekommen.« Nun bin ich es, die ein verdattertes Gesicht macht. Ich habe doch extra noch einen Kontrollgang absolviert, dabei kann ich unmöglich drei Kinder übersehen haben, oder?

Mit gerunzelter Stirn schließe ich die Eingangstür wieder auf und betrete mit Danja an meiner Seite erneut den finsteren Gang zur Halle. Ich öffne die wie vermutet menschenleere Kabine, Danja sucht derweil auf der Toilette nach den Vermissten. »Keiner hier!«, ruft meine Co-Detektivin von dort aus und tritt wieder hinaus in den Gang. »Hier auch nicht«, gebe ich verwundert zurück. Plötzlich spitzt Danja die Ohren. »Hörst du das, Frau Strofe?«, flüstert sie. Ich lausche angestrengt, aber erfolglos und schüttle den Kopf. Doch das Mädchen tapst zielsicher auf die Tür zur Halle zu und drückt die Klinke nach unten. »Ist ja abgeschlossen«, sagt sie, wobei ein vorwurfsvoller Blick über ihr Gesicht huscht. »Natürlich, darauf achte ich immer ganz besonders«, beteuere ich und drehe mit großer Geste den Schlüssel im Schloss.

Nach dem Entriegeln schlüpft Danja ungeduldig zwischen meinen Armen hindurch ins Innere. Ich folge ihr und höre nun auch Geräusche aus Richtung des Geräteraums. Danja ist bereits dorthin geflitzt und rüttelt erneut vergebens am Knauf. »Boah, du bist ja voll fantastisch mit dem Abschließen«, meckert sie. »Du meinst ›fanatisch‹«, korrigiere ich lachend und füge hinzu: »Aber du hast recht, ich schließe immer alles doppelt und dreifach ab. Das kannst du gern überall herumerzählen, nicht dass irgendjemand das Gegenteil behauptet.« Wenn ich jemals in ein absolut verständnisloses Schülergesicht geblickt habe, dann wohl jetzt. Aber keine Zeit für Diskussionen, denn nun werden die Geräusche, die sich inzwischen als Hilferufe identifizieren lassen, immer lauter.

Kaum schnappt der Riegel des Schlosses zurück, schiebt Danja schon mit ganzer Kraft das schwere Rolltor nach oben. Aus dem Dunkel dahinter schauen uns drei angstgeweitete Augenpaare an. Die Mädels stürmen aus ihrem Gefängnis und werfen sich mir tränenüberströmt in die Arme. Ich murmele Beruhigendes und streichle sachte über die Kinderrücken. »Was macht ihr denn noch im Geräteraum?«, frage ich, als das kollektive Schluchzen allmählich versiegt. »Wir dachten, es wäre lustig, wenn wir uns hier verstecken«, schnieft Tanja. »Tja, so kann man sich täuschen, nicht wahr?«, erwidere ich sarkastisch, und prompt werden die Augen der Mädchen wieder glasig. »Ist ja schon gut«, beeile ich mich zu sagen, aber halte den drei Nasen natürlich trotzdem eine Standpauke.

Reißerisch skizziere ich Polizeihelikoptereinsätze mit Suchscheinwerfern, das Unterholz durchkämmende Staffeln mit Vermisstensuchhunden, weiträumige Straßensperren – alles selbstverständlich sehr, sehr teuer – und als I-Tüpfelchen noch ihre weinenden Eltern. Danach schwören die beeindruckten Kinder unaufgefordert Stein und Bein: »Frau Strofe, wir wussten ja nicht, was wir anrichten – wir spielen *nie wieder* im Leben Verstecken!« Hm, anscheinend bin ich ein bisschen übers pädagogische Ziel hinausgeschossen, aber der Termin beim Trauma-Therapeuten für die Mädels muss bis morgen warten, es ist gleich 16 Uhr, und meine Nerven sind restlos aufgebraucht.

Nicht nur für den Tag, ehrlich gesagt auch generell. Mich beschleicht immer häufiger der Gedanke an einen Schulwechsel, ich fürchte nämlich, die *Kaspar Hauser* nicht mehr lange auszuhalten. Gut, dass die Weihnachtsferien vor der Tür stehen. Vorher steht aber noch die obligatorische Weihnachtsfeier auf dem Programm, machen Sie sich auf was gefasst.

Das ganze Kollegium trifft sich am frühen Abend in einem gutbürgerlichen Lokal zum Gänseessen. Also natürlich nicht das *ganze* Kollegium: Frau D. bleibt wie immer Gott (?) sei Dank fern, Herr Holz hat Karten für die *Star Wars*-Kinopremiere, Sören leidet unter hohem Verkeh... äh, Fieber, Frau Fischer entschuldigt sich mit Migräne (ich glaube ihr jedes Wort!), und ein paar andere fehlen wegen diesem oder jenem, darunter auch Frau Weihe, die sich in den vergangenen Wochen zielstrebig in den Olymp des Fehlzeitenrankings zurückgefehlt hat.

Wir Verbliebenen sitzen in einem separaten Raum des holzvertäfelten Restaurants um Achtertische herum und kauen Klöße. Auf eine Ansprache von Altmann warten wir seit eineinhalb Stunden, jetzt haben wir einfach ohne Ansage vom Chef bestellt. Ich teile den Tisch mit Bine, Roya, Kurt, Frau Kämpf und ein paar Kollegen, von denen ich bisher kaum einen Ton gehört hatte. Das ändert sich heute Abend deutlich, denn jeder Tischangehörige teilt mit uns mehr oder weniger monologisch seine persönlichen Schulanekdoten.

Das erste Thema am Tisch bestimmen Fehlzeiten. An der *Kaspar Hauser* glänzen aber nicht bloß die Lehrer durch Abwesenheit, und so spreche ich Bine darauf an, dass zwei eng befreundete Mädchen aus ihrer Klasse trotz Anmeldung noch kein einziges Mal zum Fußball erschienen sind. Bine kennt das Fehlstundenthema der zwei Zehnjährigen, die wir manchmal beim

Rauchen vor dem Schultor erwischen, bereits: »Ja, Milena und Janika sind leider dauernd abwesend«, sagt sie bekümmert, »Ich habe mir deshalb mal ihre ganzen Krankschreibungen genauer angeguckt. Stell dir vor, die vielen gelben Zettel hat allesamt ein einziger Arzt, ein Diabetologe, ausgestellt.« – »Oh, ich wusste gar nicht, dass Milena und Janika Diabetes haben«, sagt Roya mitfühlend. Bine schüttelte den Kopf. »Haben sie laut Aussage der Eltern auch nicht«, antwortet Bine mit hochgezogenen Augenbrauen. »Du hast also schon mit den Eltern über die Fehlzeiten gesprochen?«, frage ich nach. Meine Kollegin bejaht: »Schon, soweit die Sprachbarriere es zugelassen hat. Beide Familien meinten, ihre jeweilige Tochter sei eben oft krank. Von einigen der Krankschreibungen wussten die Eltern aber gar nichts. Der Arzt stellt offenbar Kindern auch ohne Begleitung Erziehungsberechtigter einen gelben Schein aus.« – »Was kann man da machen?«, überlegt Frau Kämpf laut. Bine hebt ratlos die Hände und sagt: »Ich habe einfach gesagt, dass ich Krankschreibungen von diesem Arzt nicht mehr akzeptiere. Mal schauen, ob ich damit durchkomme. Außerdem habe ich der Ärztekammer eine Mail über den Doktor geschrieben. Keine Ahnung, ob da was passiert. Ich habe gleich ein Antwortschreiben mit der Info bekommen, dass ich aus datenschutzrechtlichen Gründen nicht über eventuelle Konsequenzen für den Arzt informiert werde.« Kurt stellt sein Bierglas ab und sagt: »Ich habe auch ein paar Kids mit horrenden Fehlzeiten in der Klasse. Gleich morgen schau ich mal auf den Krankschreibungen, ob ich dort auch überall denselben Ärztenamen finde.«

Auch wenn das Thema uns nicht gerade fröhlich stimmt, ist die Atmosphäre an unserem Tisch gut, wir reden offen miteinander und ich habe den Eindruck, mit vernünftigen Leuten beisammen zu sein. Hanka, Klassenlehrerin der 3e, löst Bine mit dem Erzählen ab und schildert gerade die Mobbingvorfälle gegen den kleinen Mehmed. »Letzte Woche hat ihn dann auch noch irgendjemand nach dem Schwimmunterricht im Spind eingeschlossen. Kurt hat ihn glücklicherweise um Hilfe rufen hören und konnte ihn nach wenigen Minuten befreien.« Kurt schüttelt nachdenklich den Kopf. »Ich verstehe einfach nicht, warum es Mehmeds Mitschülern solchen Spaß macht, ihn zu quälen«, überlegt er laut vor sich hin. Mein Kollege Berkan, den ich bisher bloß gelegentlich auf dem Flur gegrüßt habe, lässt den Entenschenkel in seiner Hand sinken und wischt sich den Mund am Hemdsärmel ab. »Du fragst das falsche ›Warum‹«, lässt er uns jovial wissen, »Das richtige lautet: Warum wehrt Mehmed sich nicht endlich? Dann gibt's nichts mehr auf die Fresse! Als *mein* Sohn eingeschult wurde, habe ich ihm am ersten Tag gesagt: ›Du musst nur *einmal* irgendwen verprügeln, dann haben alle Respekt und lassen dich in Ruhe.‹« Berkan legt lässig den Kopf schief und nimmt sich wieder sein Entenstück vor.

Ich bin unsicher, wie ich auf diese »Erziehungsmethode« reagieren soll, und schaue auf der Suche nach Inspiration in die Gesichter der anderen Zuhörer am Tisch. Die heften ihre Blicke angestrengt auf ihre Teller, Gläser oder Fingernägel, offenkundig genauso unangenehm berührt wie ich. Schließlich wendet Bine zögerlich ein: »Ich glaube, beim Wehren steht Mehmed seine ausgeprägte Lernbehinderung im Weg …« Dieses, wenn auch nicht gute, Argument für Pazifismus im Klassenzimmer lässt Berkan gelten: »Oh, davon wusste ich nichts«, sagt er betreten, findet aber in der nächsten Sekunde zu seinem überlegenen Lächeln zurück und ergänzt: »Aber wenn der Junge geistig so eingeschränkt ist, dass er sich nicht mal anständig kloppen kann, dann kassiert der in seiner Zukunft sowieso noch etliche Schläge. Betrachten wir Mehmeds Dasein als Prügelknabe doch einfach als Training seiner Nehmerqualitäten.«

Der studierte Pädagoge lacht sich scheckig, ohne zu bemerken, dass seine Mitstreiter nicht in sein irres Gelächter einstimmen, sondern erneut reglos und stumm dasitzen, als hielte jemand den Schweigefuchs in die Höhe. Einen Moment später erscheint die Kellnerin mit der Frage nach weiteren Getränkewünschen, die wir nur allzu gern beantworten und so der beklemmenden Situation entfliehen. Irgendjemand wechselt holprig das Thema, und langsam kommen wieder Gespräche in Gang. Ich halte mich erst mal raus, bin noch zu beschämt darüber, dass ich Berkan nicht Paroli geboten habe. Denn genau dieses reflexhafte Wegducken vor Konfrontationen führt ja dazu, dass Leute wie mein Kollege freiweg von der Leber solchen Schwachsinn erzählen können und dieser Schwachsinn dann irgendwann als salonfähig gilt. Ich habe mich gerade also wahrlich nicht mit Ruhm bekleckert – dafür aber mit Bratensauce, weshalb ich nun erst mal auf die Toilette verschwinde.

Anschließend brauche ich etwas frische Luft und trete mit meiner Jacke vor die Tür des Lokals, wo sich die PKB-Kräfte der *Kaspar Hauser* um einen Stehtisch versammelt haben. PKB-Kräfte sind Lehramtsstudenten, die neben der Uni bereits aushilfsmäßig an einer Schule unterrichten. Wenn man weiß, dass schon voll ausgebildete Lehrkräfte wie ich an der *Kaspar Hauser* skrupellos verheizt werden, können Sie sich vorstellen, wie es erst den Studenten ergehen muss. Kaum verwunderlich, dass sich die Unterhaltung der an*gehenden* (und an*getrunkenen*) Lehrkräfte aktuell genau darum dreht, wie mir schon der erste aufgeschnappte Gesprächsfetzen verrät. »Nein!«, lallt Jakob und schwenkt dabei ausladend den erhobenen Zeigefinger vor seiner Kommilitonin Bea hin und her, »Egal, wie schlecht du an der Kaspar-Hauser-Grundschule behandelt wirst, ich werde *mindestens* genauso schlecht behandelt!«

Die perfekte Gelegenheit, um mich einzuklinken: »Ich auch!«, rufe ich und schließe mich der Runde an. Aber bevor wir uns gegenseitig mit persönlichen Horrorgeschichten von unserer Grundschule des Grauens übertrumpfen können, muss Jakob noch seinem Ärger auf unseren Direktor Luft machen: »Das brockt uns alles Altmann ein. Meine Mutter sagt: ›Der Fisch fängt am *Kopf* an zu stinken!‹ Und der Kopf der *Kaspar Hauser* ist zu mehr als Stinken auch nicht imstande. Altmann kann nix entscheiden, nix organisieren, nix verbessern, nix Versprochenes einhalten.« Gut zusammengefasst, denke ich, gucke mich aber trotzdem ängstlich nach unliebsamen Zuhörern um. Jakob bleibt das nicht verborgen, und er setzt ein trotziges Gesicht auf. »Kann ruhig jeder hören, was ich sage. Es macht ja sonst keiner den Mund auf!«, echauffiert er sich weiter.

Wie ich durch mein fortwährendes Stillschweigen unter Beweis stelle, hat der Student auch mit dieser These recht. Zumindest fast, denn just in diesem Augenblick wird die Tür nach draußen aufgestoßen, und zwei Erzieher aus dem Schulhort torkeln uns entgegen. »Altmann, die Null!«, speit Rainer aus, kaum dass er unseren Tisch erreicht hat. Grobmotorisch nestelt der 50-Jährige eine Kippe aus seiner Zigarettenschachtel, wobei die übrigen Sargnägel von Rainer unbemerkt aus der Packung auf den Boden fallen. »Der sitzt wieder nur wie festgetackert auf seinem Platz herum und guckt sich um, als sähe er uns alle zum ersten Mal. Nicht mal 'ne *Rede* zur Weihnachtsfeier kann er halten.« – »Dabei hat er die Feier noch mehrfach als großes

Event für das gesamte Kaspar-Hauser-Team angekündigt«, ergänzt seine mit ihm nach draußen gelangte Kollegin Renate, die gerade gemeinsam mit Bea vom Kippensammeln unter dem Tisch auftaucht, »ich frage mich allerdings, warum er unsere Hausmeister und Putzkräfte nicht eingeladen hat. Gehören die etwa nicht zum Team?«

Rainer schüttelt erbost den Kopf. »Das ist wirklich ein derber Ausdruck von Geringschätzung. Wir Erzieher werden ja schon mies behandelt, sogar noch mieser als die Lehrer, aber …« Das ist Jakobs Stichwort: »Egal, wie schlecht du an der Kaspar-Hauser-Grundschule behandelt wirst, ich werde *mindestens* genauso schlecht behandelt!« – »Da komme ich ja gerade rechtzeitig zum Siedepunkt der guten Laune!«, ertönt es unerwartet hinter Jakob hervor.

Im abendlichen Dunkel haben wir Herrn Holz gar nicht herannahen sehen. Meine Kollegen am Tisch tauschen nervöse Blicke. Das halt ich persönlich für überflüssig, da eine Reaktion von Herrn Holz auf die Beschwerden seines Kollegiums ein Mindestmaß an Engagement fordern würde, und das bringt Konrektor Grinsekatze erfahrungsgemäß nicht auf. Renate wechselt trotzdem zur Sicherheit schnell das Thema, indem sie Herrn Holz fragt, wie die Kinopremiere war. »Super«, antwortet Herr Holz, und sein dabei obligatorisch zur Schau getragenes Grinsen macht es unmöglich, die Botschaft als ernsthaft oder ironisch zu entschlüsseln.

Dann deutet er durch ein bodentiefes Glasfenster ins Restaurant hinein. »Ich komme ja sogar noch pünktlich zu Altmanns Rede!«, staunt er, und wir anderen folgen seinem Fingerzeig mit unseren Blicken. Tatsache, unser Chef hat sich von seinem Platz erhoben und klopft mit einem schräg gelegten Sektglas an einen Teelöffel neben seinem Teller. »Man merkt, dass Frau Fischer fehlt«, kommentiert Bea flüsternd Altmanns nicht zu übersehenden Fauxpas. »Dann hat Altmann also doch noch ein paar warme Worte für uns übrig!«, freut sich Rainer, der bereits neugierig einen taumelnden Satz nach vorn gemacht hat und uns mit der geöffneten Tür im Rücken heranwinkt. Wir lassen uns nicht zweimal bitten und entern zügig den Innenraum des Lokals, wo die übrigen Kollegen bereits andächtig lauschen.

»Liebes Kollegium«, eröffnet unser Direktor gerade seine Rede, »ich erzähle Ihnen heute eine ganz persönliche Weihnachtsgeschichte: Meine Mutter pflegte mich früher allmorgendlich zu wecken. ›Sohni!‹, rief sie mich dann zuallererst bei meinem Spitznamen. ›Sohni, du musst aufstehen und zur Schule gehen!‹ Ich habe mir dann die Decke über den Kopf gezogen und mich noch mal umgedreht. Ein paar Minuten später tauchte Mama erneut auf und sagte: ›Sohni, jetzt ist es wirklich an der Zeit, aufzustehen und zur Schule zu gehen.‹ ›Ich will nicht!‹, jammerte ich. Doch Mama blieb streng und sagte: »Aber du *musst* – du bist der Direktor!‹« Altmann kichert grunzend und schaut erwartungsvoll in die Runde. Die blickt ebenso erwartungsvoll zurück. »Kommt da noch was?«, murmelt Jakob mir fragend zu. »Na klar!«, entgegne ich im Brustton der Überzeugung, »Das Nacherzählen des ältesten Bilderwitzes der Welt über Lehrer kann ja nicht die komplette Ansprache gewesen sein.«

Da ergreift Altmann wieder das Wort:. »So weit meine Ansprache, liebes Kollegium. Ich könnte Ihnen jetzt noch erzählen, dass uns die Senatsverwaltung zum zweiten Halbjahr nach den Winterferien vier neue Lehrer zugesichert hat. Aber warum soll ich Ihnen falsche Hoffnungen machen, wenn die versprochenen neuen Kollegen ja sowieso nicht auftauchen? Es ist mir nach zwanzig Jahren an dieser Schule immer noch ein Rätsel, wie unsere schöne Kaspar-Hauser-Grundschule zu ihrem schlechten Ruf gekommen ist. Also, kurz und gut, liebes Team: Frohe Weihnachten und Prost!« Altmann hebt feierlich seinen Teelöffel hoch und nickt freundlich in alle Richtungen.

KAPITEL 8

# PROBLEMSCHÜLER-POKER

Die Krankmeldungen am nächsten Morgen sind so zahlreich wie die Schnapsflaschen, die wir am gestrigen Abend geleert haben. Obwohl das Lehrerzimmer heute dementsprechend dünn besiedelt ist, herrscht dort ziemlich dicke Luft, als ich in der Hofpause nach zwei Vertretungsstunden dort eintreffe. Die Klassenlehrer der vier zweiten Klassen an der *Kaspar Hauser* sitzen mit Kärtchen in den Händen um einen Tisch herum und sind offensichtlich über ein Spiel in Streit geraten.

Erst als ich mich neugierig nähere, sehe ich, dass es sich bei den Karten nicht um Spielzubehör handelt, sondern um Notizzettel mit darauf geschriebenen Schülernamen. Einen davon wirft soeben Kollegin Betül schwungvoll auf den Tisch zu ein paar anderen bereits dort liegenden. »Hamsa nehme ich auf keinen Fall noch mal, Einspruch abgelehnt!«, konstatiert sie bestimmt. Ihre Kollegen ziehen beim Anblick des Zettels scharf Luft ein. Linas Sitznachbar Georg greift geschwind nach einem der anderen Papierschnipsel auf dem Tisch und nimmt ihn auf wie eine Strafkarte beim Mau Mau. »Mit Hamsa will ich auch nichts zu tun haben, da behalte ich lieber freiwillig Rudko noch ein Halbjahr«, sagt er und wedelt mit der aufgesammelten Rudko-Karte wie mit einem Joker.

Ich bin verwirrt. »Was treibt ihr denn da?«, frage ich mit gerunzelter Stirn. »Schüler umverteilen«, antwortet Georg knapp, während er die in seiner Hand aufgereihten Zettel wie ein nachdenklicher Pokerprofi betrachtet. Betül, offensichtlich darüber erleichtert, die schwierige Hamsa-Karte losgeworden zu sein, gönnt mir eine ausführlichere Erklärung: »An der *Kaspar Hauser* bilden wir mit den Kindern nach ihrem zweiten Schuljahr neue Klassen, damit sie nicht über ihre gesamte Grundschulzeit hinweg bloß mit den gleichen Mitschülern in Kontakt kommen.« Automatisch schaue ich auf den Wandkalender. »Aber es hat ja noch nicht einmal das zweite *Halb*jahr begonnen, und bis zum Schuljahresende bleiben noch ganze sechs Monate Zeit«, werfe ich von dem in diesem Hause ungewohnten Arbeitseifer überrascht ein. »Richtig«, klinkt Mitspieler Lars sich in das Gespräch ein, »aber wir bekommen zum Halbjahr so viele neue Willkommenskinder in die zweiten Klassen, dass wir ausnahmsweise schon jetzt alle Kids neu zusammenwürfeln und uns dann die Arbeit im Sommer sparen.« – »Sieht mehr nach Skat als nach Würfeln aus«, sage ich mit schelmischem Grinsen. »Ja!«, lacht Lars. »Aber die Methode mit den Karten hat sich bewährt. Darauf notieren wir besonders schwierige Schüler. Die schieben wir dann so lange hin und her, bis wir entschieden haben, welches Kind wann warum wohin am besten passt.« – »… Oder am *schlechtesten*«, ergänzt Betül, »Hamsa beispielsweise ist bei mir definitiv *nicht* gut aufgehoben, mit dem Jungen will ich nichts mehr zu tun haben!«, fügt sie spitz hinzu.

»Das sind echt harte Worte über ein Kind«, kommentiere ich verschnupft. Betül blickt verlegen zu Boden. »Ich weiß«, gibt sie in deutlich milderem Tonfall zu, »aber ehrlich gesagt bilden wir die neuen Klassen nicht nur für die Kids, sondern auch für uns Lehrer. Du weißt ja selbst, dass manche Schüler wirklich *sehr* verhaltensauffällig sind. Wie Hamsa zum Beispiel.

Ich habe mich wirklich um den Jungen bemüht. Aber auch nach etlichen Gesprächen mit ihm oder seinen Eltern, Klassenkonferenzen und Terminen mit Familienhelfern hat sich nichts an seiner Unbeschulbarkeit geändert. Er verweigert kategorisch die Mitarbeit, ist seinen Mitschülern und mir gegenüber frech und aggressiv, stört permanent den Unterricht und ist während seiner regelmäßigen Wutausbrüche nicht zu bremsen. Seit eineinhalb Jahren, im Schnitt fünf Stunden täglich, arbeite ich mich vergebens an Hamsa ab. Jetzt *kann* ich einfach nicht mehr – zumal es in meiner Klasse natürlich auch noch andere Kinder mit Problemen gibt, um die ich mich kümmern muss.« – »Mir geht's genauso. Es tut mir ehrlich leid, das sagen zu müssen, aber irgendwann *erträgt* man manche Kinder nicht länger«, sagt Georg bedauernd und blättert zum Beweis seinen Kartenstapel mit Problemkids durch wie ein Lude sein Geldscheinbündel. Die anderen beiden am Tisch bekunden nickend ihre Zustimmung. Jetzt bin ich es, die wegen des vorschnellen Urteils über ihre mutmaßlich hartherzigen Kollegen verlegen dreinschaut.

Die Tür zum Lehrerzimmer fliegt auf, und Sören eilt abgehetzt herein. »Gut, dass ich heute erst zur dritten Stunde habe, ihr könnt euch den Stau auf den Straßen nicht vorstellen«, plappert er drauflos, während er auf seinen Tisch ein paar Meter neben uns zusteuert. Als er den unseren passiert, bleibt er interessiert stehen. »Ah, Schüler-Quartett!«, erkennt er fachmännisch und schließt mit Gameshow-Moderatorenstimme an: »Wer hat das schlimmste Kind im Kartenstapel und ist demnach diesjähriger Gewinner?« – »Sören, es gibt keine Gewinner bei diesem Spiel, weder auf Lehrer- noch auf Schülerseite«, erwidert Georg streng. Sören überhört den Unterton in Georgs Aussage und mustert interessiert die herumliegenden Notizzettel. »Hm, da dürftest du recht haben, wenn ich mir die Namen hier so durchlese …«, murmelt unser verkehrsbeunruhigter Kollege.

Ich bin beeindruckt, dass Sören trotz seiner horrenden Fehlzeiten über die Kinder so gut Bescheid weiß. »Kennst du die alle?«, hake ich nach. Sören schnalzt ablehnend mit der Zunge. »Ach was! Aber lies dir doch bloß die Namen durch, dann weißt du doch Bescheid über die Blagen.« Auf meinen fragenden Blick hin tippt er ostentativ auf einzelne Kärtchen und liest mir überflüssigerweise die Namen darauf vor, als wäre ich etwas langsam im Kopf: »Hamsa, Dschihad, Igor … Was soll man da schon erwarten?« Wie auf ein Codewort hin erheben sich Lars und Georg von ihren Stühlen und verschwinden grußlos Richtung Teeküche. Ich gucke Sören an wie ein Auto, was dieser mit einem Augenrollen quittiert. »Jetzt tu doch nicht so!«, fordert er mich auf. »Die Ausländerkinder sind eben keine Leistungsträger, ganz im Gegenteil. Das wird man ja wohl noch sagen dürfen.« Betül faltet ihre Hände vor sich zur Merkel-Raute, die sie zur Betonung jedes einzelnen Wortes von oben nach unten schwingt. »Sören. Du. Laberst. Nur. Scheiße«, erklärt sie ihm mit gespieltem Erklär-Bär-Gesicht. Sarraz … äh, Sören kräuselt angesäuert die Mundwinkel. »Ist ja klar, dass *du* mit deinem Hintergrund das sagst«, erwidert unser Kollege gütig lächelnd, schultert seine Tasche und verpisst sich endlich.

Auch ich muss los und gehe die Green Mile zu meiner nächsten Vertretungsstunde hinunter. Die Sechstklässler erwarten mich mal wieder in NaWi. Heute sind sie leider mit keinem Mittel zu bändigen. In der Sportstunde zuvor hat es nämlich Streit zwischen Aylin und Samira gegeben. Aylin ist ein kräftiges, großes Mädchen mit einem ebensolchen Selbstbewusstsein. Die zierliche, zurückhaltende Samira bildet den exakten

Gegensatz dazu. Beim Umziehen in der Umkleide hat Aylin Samira mit deren schmaler Statur aufgezogen. Samira ist nun schwer beleidigt, besonders über Aylins Behauptung, Samira hätte, Zitat, »keinen Arsch in der Hose«. Mit anderen Worten: Kindergarten – aber die Klasse hat sich zügig in zwei Feindeslager gespalten und einen Kleinkrieg angezettelt.

Meine Bemühungen, als Friedensrichter herzuhalten, scheitern genauso kläglich wie meine Versuche, die Aufmerksamkeit der Kids auf ihr Arbeitsheft oder wenigstens auf ein gemeinsames Spiel zu lenken. Die aufgekratzten Kinder haben ihre Kampfeslust entdeckt und wollen lieber echte Köpfe rollen sehen, als Galgenmännchen an der Tafel zu spielen. Schließlich hisse ich die weiße Fahne. Ich verziehe mich hinter den Lehrertisch und glotze in der Hoffnung auf einen hypnoseähnlichen Zustand phlegmatisch auf den Sekundenzeiger der Wanduhr, während die Schüler über meinen Kopf hinweg Beleidigungssalven aufeinander abfeuern.

Gerade werden meine Augenlider tatsächlich etwas schwerer, als ich höre: »Dann geh doch zurück nach Scheiß-Afrika!« Schlagartig wieder hellwach mache ich Sender und Empfänger der Bullshit-Botschaft rasch aus und trete an Pauls Tisch heran. Den Kids nach solchen Sprüchen lediglich den Mund zu verbieten, generiert erfahrungsgemäß kaum Einsicht. Darum mime ich die unbefangen Wissbegierige und hoffe, Paul erkennt durch meine Fragen den Nonsens seiner Aussage selbst: »Was soll Kiano denn in Afrika?«, frage ich also freundlich interessiert. Paul stiert stumm an mir vorbei, ich kann förmlich sehen, wie er vor Wut innerlich kocht. Ich gebe ihm noch einen Augenblick, um sich zu beruhigen, und spreche stattdessen Kiano am Nachbartisch an: »Warst du schon mal in Afrika?« Der Junge schüttelt den Kopf. »Ne, meine Eltern kommen aus dem Kongo, aber ich bin in Berlin geboren.« – »Aha!«, sage ich, als hätte ich soeben einen gewaltigen Erkenntnisgewinn verbucht, und richte mich wieder an Paul, der weiterhin keine Miene verzieht und konsequent ins Leere starrt. »Dann kann Kiano ja schlecht ›zurück‹ nach Afrika gehen, oder?«, frage ich ruhig.

Ein, zwei Sekunden lang Stille, dann explodiert Paul: »Schlimm genug, dass er noch nie dort war, da gehört er nämlich hin! Der is doch n Brauner!« Das Maß ist voll. Unverzüglich packe ich Pauls Oberarm und zerre ihn vor den Augen seiner verstummten Klassenkameraden mit mir vor die Tür des Klassenzimmers. Der Junge hat mit seinem Gewäsch weniger meinen Zorn entfacht als vielmehr meine besorgte Neugier geweckt, denn eins ist klar: Pauls Sätze stammen zwar aus einem Kindermund, aber mit Sicherheit nicht aus einem Kinder*kopf*. Wortwahl und Intonation des Gesagten entsprechen dem Jargon politisch fehlgeleiteter Eckkneipenbesucher und nicht dem eines Zwölfjährigen.

Im Flur setze ich mich neben Paul auf die Kante eines von irgendjemandem hier abgestellten Tisches: »Tut mir leid, wenn ich dich eben zu hart angefasst habe, ich habe bloß einen Schreck bekommen«, starte ich mit einer Entschuldigung. Keine Reaktion, also rede ich weiter: »Ich bin überhaupt nicht böse wegen dem, was du gesagt hast. Und ich bin mir sicher, dass du selbst genau weißt, dass Kiano in die 6d der Kaspar-Hauser-Grundschule und nicht nach Afrika gehört. Stimmt's?« Ich setze ein aufmunterndes Lächeln auf und stupse Paul leicht mit dem Ellenbogen an. Der ist nach wie vor zur Salzsäule erstarrt. »Wer hat dir denn erzählt, dass ›Braune‹ nach Afrika sollen?«, konkretisiere ich meine Nachforschungen.

Trotz mehrmaliger, unterschiedlich formulierter Nachfragen ist Paul keine Antwort zu entlocken, wie er mich nun höchstpersönlich wissen lässt: »Ich werde nichts dazu sagen, basta. Mir ist das eben in der Klasse einfach rausgerutscht. Ich weiß, dass viele die Wahrheit nicht hören wollen und es deshalb ein Denk- und Sprechverbot gibt.« Natürlich ist auch das von irgendwoher nachgeplappert, aber in der Tat habe ich nachfolgend mit keiner meiner »Verhörtechniken« Erfolg. Paul bleibt stumm wie ein Fisch, sodass ich schließlich unverrichteter Dinge mit ihm in die Klasse zurückkehre und mir gedanklich ein Gespräch darüber mit Klassenlehrerin Roya auf die To-do-Liste setze.

Da wir den letzten Schultag vor Weihnachten schreiben, betreibe ich noch ein wenig Small Talk mit den Kids über die anstehenden Ferien und kann dadurch immerhin eine Kampfpause zwischen Team Aylin und Team Samira erwirken. Erstaunlicherweise hält sich die Vorfreude auf die schulfreie Zeit bei den Kindern sehr in Grenzen. Ich weiß zwar, dass bei den meisten wegen knapper Finanzen keine Urlaubsreise auf dem Plan steht, aber die Hauptsache ist doch, nicht in die Penne zu müssen, oder?

»Ferien is voll langweilig, Frau Dings!«, mault Leyla. »Ich heiße nicht Frau Dings, sondern Frau Strofe«, korrigiere ich gelassen. Leyla macht eine wegwerfende Handbewegung und meint: »Jaja, is doch egal.« – »Na, wenn das so ist, erzähl einfach weiter, Gertrude«, antworte ich grinsend. Damit habe ich die Lacher ihrer Mitschüler auf meiner Seite, bevor diese in Leylas Wehklagen über Ferienlangeweile einstimmen. »Aber sonst sagt ihr doch immer, die *Schule* sei langweilig!«, wundere ich mich laut. »Ist sie auch!«, will Denis es nicht zu Missverständnissen kommen lassen, »Aber in der Schule kann man mit seinen Kumpels Scheiße bauen und dann isses nicht mehr langweilig.« – »Genau, gegen Langeweile hilft zum Beispiel Lehrer ärgern, Frau Dings!«, lacht Maria und zwinkert mir zu. »Ihr könntet doch in den Ferien ausnahmsweise mal eure Eltern anstelle der Lehrer ärgern«, schlage ich vor, ernte aber alles andere als Begeisterung für die Idee. »Bist du verrückt?«, entfährt es Nadim. »Wenn ich so respektlos mit meinen Eltern rede wie mit Lehrern, hauen die mir auf die Fresse!«

Interessant, die Kinder schnallen also, dass ihr Verhalten gegenüber uns Lehrern jeden Respekt vermissen lässt. Ich bin unentschlossen, ob ich diese mir neue Information beruhigend oder erst recht beunruhigend finden soll … Die Klingel unterbricht meine Gedanken, und ich wünsche den Kids schöne Ferien. Und weil ja Weihnachten ist, unterbreite ich ihnen noch ein großzügiges Angebot: »Ich kann euch gern ein paar Deutschaufgaben mitgeben, damit ihr in den nächsten Wochen daheim was zu tun habt«, sage ich und halte mir schnell präventiv die Ohren zu, um die Lautstärke der nun zwangsläufig erfolgenden Protestschreie zu drosseln.

Statt auf der Suche nach Stille ins Lehrerzimmer zu verschwinden (die Toilette fällt seit meiner traumatischen Begegnung mit Frau D. als Ruheraum für mich leider weg), strömen Pauker und Pennäler heute gemeinsam auf den Schulhof zum alljährlichen Weihnachtssingen. Traditionsgemäß fungieren dabei der dienstälteste Musiklehrer sowie der aktuelle Schülersprecher als Vorsänger. So stehen auf einer improvisierten Bühne aus einigen Tischen die kleine Frau Schulze und der große Abdul nebeneinander vor einem aufgebauten Mikrofon wie Pat und Patachon.

*Genau, die Schüler der Kaspar Hauser haben mit überwältigender Mehrheit Abdul zum Schülersprecher gewählt. Kurz danach stieg ich in eine Pausenunterhaltung darüber zwischen einigen Fünftklässlern ein und fragte die Kids nach den Beweggründen für ihre Wahl. »Mach nicht so 'n ernstes Gesicht, Frau Strofe! War doch bloß Spaß!«, kicherten die Schüler. »Die Aufgabe des Schülersprechers ist es, bei der Schulleitung für eure Interessen und Wünsche zu kämpfen«, mahne ich als Politiklehrerin, die ich nun einmal bin, »Abdul ist ein cooler Typ, aber ich fürchte, ein Schülersprecher braucht etwas mehr Verhandlungsgeschick als er.« Die Kinder finden mich nun sehr uncool. »Du bist voll der Spielverderber. Wir fanden es doch gerade lustig, den unfähigsten Kandidaten zu wählen!« Gute Nachrichten für die AfD, wenn die Kids als 18-Jährige bei Wahlen immer noch nach dieser Methode verfahren.*

Bis das unmündige Wahlverhalten der Kinder ernsthafte Folgen nach sich zieht, fließt aber noch viel Wasser die Spree hinunter. Aktuell haben lediglich unsere Ohren die Konsequenzen zu tragen, denn Frau Schulze und Abdul stimmen gerade *Süßer die Glocken nie klingen* an, womit ich skurrilerweise anstelle einer Kirchturmglocke umgehend die Glocke zum Stundenende assoziiere. Abdul verfügt nicht nur über ein großes Körper-, sondern auch über ein beeindruckendes Lungenvolumen, sodass er Frau Schulze mit seiner atonalen Interpretation des Weihnachtsklassikers mühelos übertönt. Die kreischenden Geräusche aus dem Mikrofon untermalen Abduls 12-Ton-Version des Liedes zusätzlich.

Schade für Frau D., dass sie auch dieser Veranstaltung nicht beiwohnt – ich bin sicher, die »Musik« sowie die dadurch hervorgerufenen gequälten Publikumsgesichter hätten ihr sehr gefallen. Ihr Fernbleiben begründet sich dieses Mal jedoch nicht bloß mit ihrer Renitenz: Sie muss heute wegen akuter

Schwierigkeiten einiger ihrer Schüler Elterngespräche führen, wie im Kollegium gestern bereits heiß diskutiert wurde. Gerade schleicht ein Elternpaar in Zeitlupe vom Schultor über den Hof Richtung Neubau, wobei schwer abzuschätzen ist, ob ihre widerstrebenden Gesichtsausdrücke Abduls Gesangskünsten oder dem drohenden Disput mit dem Satansbraten im Lehrergewand geschuldet sind. Während Vater und Mutter am Rande der Aufführung an uns vorbeischlurfen, klopfen ihnen ein paar Kollegen aufmunternd auf die Schultern und schütteln ihnen die Hände, als befänden sich die beiden armen Seelen auf ihrem Gang zum Schafott. Doch was ist eigentlich geschehen, was die Audienz bei Frau D. erzwingt? Freilich geht es dabei nicht um fehlende Disziplin vorlauter Kids. Bei den vorliegenden Problemen handelt es sich leider vielmehr um handfeste pathologische Störungen, die Kinder infolge des Unterrichts bei Frau D. erleiden.

Diese hat die 3d zwar erst im Sommer als Klassenleiterin übernommen, aber bereits einschneidende Spuren bei den Achtjährigen hinterlassen. So nässt ein Kind seit ein paar Monaten nachts wieder ins Bett, was der Junge laut Aussage seiner Mutter das letzte Mal im Alter von fünf Jahren getan hat. Ein Mädchen hat um die gleiche Zeit herum wie der Junge damit begonnen, sich selbst die Kopfhaare auszureißen und sie zu essen. Kein Witz, so was könnte ich mir gar nicht ausdenken. Darüber hinaus klagen viele Kinder über Schlaflosigkeit oder diffuse Bauch- und Kopfschmerzen. Einige weisen Symptome von ausgeprägter Schulangst beziehungsweise Schuldistanz auf, sprich: sie haben Schiss und schwänzen.

Nach erfolgreicher Arbeit mit den Kleinen darf Frau D. sich jetzt also die Eltern der armen Geschöpfe vorknöpfen und zweifelsohne auch ihnen im Schnellverfahren einen psychischen Knacks verpassen. Soweit ich weiß, hat vor Kurzem ein verzweifelter Vater die Elterngespräche mit der sich dagegen verwehrenden Grundschulpädagogin bei Altmann unter Androhung juristischer Schritte erzwungen. Nachdem Frau D. daraufhin bei ihm angerufen hat, sagte er seine Teilnahme an dem Sondersprechtag mit ihr ab. Seither hat niemand mehr etwas von ihm gehört. Herr G., wo auch immer Sie stecken: Das Kollegium der Kaspar-Hauser-Grundschule grüßt sie herzlich und hofft, es geht ihnen gut.

Fünf bedauerlicherweise *nicht* ohrenbetäubende Weihnachtslieder später erlöst uns zwar kein Heiland, aber dafür Dr. Altmann von dem Konzert und beendet die Show. Ich bringe zwei weitere, vergleichsweise ruhige Vertretungsstunden hinter mich und freue mich darüber, dass die Weihnachtszeit offenbar auch die Kaspar-Hauser-Kids etwas friedlicher stimmt. Mit der Besinnlichkeit ist es bei meinem Gang über den Schulflur allerdings schnell wieder vorbei: Aus Bines Klassenraum ein paar Räume vor mir dröhnt eine wütend erhobene Männerstimme an mein Ohr. Besorgt um Bines Wohlergehen beschleunige ich meinen Schritt und reiße Sekunden später die Tür auf.

Bine steht ungerührt mit verschränkten Armen hinter dem Lehrertisch. Als ich den Kopf ins Zimmer stecke, schaut sie gelassen zu mir herüber und bläst kurz die Backen auf. Klar, wem die entnervte Miene meiner Kollegin gilt: Herr El-Amin, Vater eines Schülers von Bine, läuft mit puterrotem Gesicht und wild gestikulierend die Fensterseite des Klassenraums auf und ab. »Da! Pfui! Noch einer!«, brüllt er gerade wieder und deutet mit ausgestrecktem Arm … bloß aufs hübsch dekorierte Fenster, wie ich verständnislos feststelle. Einen Aufreger kann ich beim besten Willen nicht erkennen, bis Herr El-Amin seine Geste mit Worten unterstreicht: »Überall diese Judensterne! Was soll denn das?!«

Während ich vor Schreck das Atmen vergesse, gibt Bine nur einen hellen, kurzen Seufzer von sich und erklärt dem Erziehungsberechtigten geduldig: »Erstens: Was Sie meinen, sind ›Davidsterne‹. So lautet die einzig richtige Bezeichnung dafür. Zweitens *hängen* im Fenster keine Davidsterne, sondern Weihnachtssterne. Den da vorne hat ihr Sohn gebastelt, es hat ihm großen Spaß gemacht. Drittens: Selbst *wenn* hier Davidsterne an der Fensterscheibe kleben würden, gäbe es deshalb keinen Grund zur Aufregung. Und jetzt versuchen Sie bloß nicht, mich vom Gegenteil zu überzeugen.« Sie durchbohrt den stehen gebliebenen Vater mit einem frostigen Blick. Der schultert mit zusammengebissenen Zähnen den auf dem Lehrertisch liegenden Turnbeutel und stürmt an mir vorbei aus der Klasse. »Fröhliche Weihnachten!«, ruft Bine ihm triumphierend hinterher. Bevor ich etwas fragen muss, erklärt sie von selbst: »Cihans Vater wollte nur schnell die Sportsachen holen, die sein Sohn hier vergessen hat. Dabei hat er die Fensterdeko bemerkt und sich sofort darüber aufgeregt. Leider bringen manche Eltern aus ihren Herkunftsländern Vorurteile gegen andere Völker und Religionen mit. Die sind natürlich genauso blödsinnig wie die Vorurteile Deutscher gegen ›Ausländer‹, aber trotzdem *gibt* es sie alle. Ich kann als Lehrerin lediglich versuchen, dagegen anzureden – bei den Eltern, aber erst recht bei den Kindern.«

»Die Kinder hier *haben* doch gar keine Vorurteile gegeneinander. Ich habe lediglich eine einzige Schülerin, die …«, werfe ich ein, werde aber von Bine unterbrochen: »Und ob die Kinder Vorurteile haben! Manchmal brennen sich die falschen Weltbilder in manche Kinderköpfe regelrecht ein. Die bekommt man da nicht so leicht wieder heraus. Mein Schüler Amjad zum Beispiel hat sich strikt geweigert, neben einem *afghanischen* Mädchen zu sitzen. In seinem Heimatland Iran, wo der Junge bis vor einem Jahr gelebt hat, schauen viele Iraner auf Afghanen herab, das hat sich bei Amjad fest eingeprägt. Seine kluge Mutter war sich der Probleme ihres Sohnes bewusst und hat im Elterngespräch zu meiner Überraschung eine völlig andere Position als Amjad vertreten: Dass in Deutschland alle Menschen die gleichen Rechte haben, hat sie nicht nur eingesehen, sondern sie fand unser System auch wirklich gut. Die Angelegenheit mit ihrem Sohn war ihr peinlich. Amjads Abwehrhaltung hat erst nach mehreren Monaten nachgelassen.«

»Okay, aber das ist schon ein extremes Beispiel«, behaupte ich nun, weil ich mir meine Illusionen nicht rauben lassen will. Bine setzt ein gönnerhaftes Grinsen auf und holt erneut aus: »Ein anderer Schüler von mir wollte kein *schwarzes* Kind als Sitznachbarn, denn Zitat ›Schwarze sind große Kackhaufen‹. Ich hab ihn natürlich gefragt, wie er darauf kommt, und der Junge hat daraufhin von einer arabischsprachigen Zeichentricksendung im Internet erzählt. Ich spreche zwar kein Wort Arabisch, aber wollte mir trotzdem einen Eindruck machen und hab mir deshalb eine Folge angeguckt. Sprachkenntnisse waren gar nicht nötig, den Rassismus in dem Kinderprogramm erkennste auch ohne Worte. Da landen irgendwelche arabischen Seeleute auf einer Insel mitten im Meer, auf der schwarze Ureinwohner leben. Die werden von den Neuankömmlingen bekämpft und umgebracht. Und jedes Mal, wenn einer der Schwarzen stirbt, verwandelt er sich in eine gezeichnete Wolke, die Kotgestank darstellen soll. Richtig gehört. Diese Sendung guckt übrigens nicht nur *einer* meiner Schüler und deshalb …« – »Ich muss dich leider unterbrechen«, unterbreche ich Bine und schiele zur Wanduhr hoch, »aber ich muss mich jetzt leider beeilen …«

Bine lacht und entgegnet sofort: »Bloß, weil du es nicht mehr hören willst!« – »Doch, doch!«, versichere ich ihr und gehe Richtung Tür. »Aber meine AG fängt gleich an. Du solltest echt mal darüber nachdenken, ein Buch über deine Erfahrungen zu schreiben.« Bine prustet abwehrend und sagt: »Gar nicht mein Ding, echt. Den ganzen Tag alleine am Laptop vor 'ner leeren Seite sitzen und nach den richtigen Worten suchen … Ne, danke.«

Wir winken uns zum Abschied, und ich flitze zur Turnhalle. Die Fußball-AG ist meine letzte Amtshandlung vor den Ferien und ich bin trotz der ernsten Unterhaltung mit Bine schon ziemlich im Urlaubsmodus. Das ist allerdings nichts Ungewöhnliches mehr, muss ich doch gestehen, dass in meiner AG in der Zwischenzeit der Schlendrian eingekehrt ist.

In der Halle gibt es nach wie vor keine Bälle und bei den Mädchen kein Interesse an Fußball. Daher sitze ich meistens relaxt auf der Bank und lasse die Kinder nach eigenem Gutdünken über das Linoleum tanzen. Der einzig arbeitsintensive Aspekt an der AG ist die Runde mit dem Schlüsselbund, die ich hinterher drehe. Beim Abschließen von Toren und Türen sowie bei der Suche nach Schülerverstecken neige ich mittlerweile zu zwanghaftem Verhalten, was meinen Kontrollgang zeitlich bemerkenswert ausdehnt. Für meine neue Macke hat es nicht einmal Frau D.s Zutun gebraucht, sondern bloß meine ersten Erfahrungen als Sportlehrerin an der *Kaspar Hauser*. Inzwischen denke ich über die Anschaffung eines Spürhundes nach, der hinter Kisten oder unter Rollwagen verborgene Kids erschnüffeln kann. Tino sehnt sich schon lange nach einem Vierbeiner in unserem Haushalt, diesem Wunsch könnte ich jetzt nachkommen und zwei Fliegen mit einer Klappe schlagen.

Derlei Gedanken hänge ich gegenwärtig nach, während ich an diesem Nachmittag endlich die Sporthallentür hinter mir zuziehe, doppelt abschließe und – sicher ist sicher – mehrfach prüfend an der Klinke rüttle. Als ich sicher bin, dass ich den Abschließvorgang erfolgreich ausgeführt habe, gehe ich fröhlich pfeifend noch kurz im Lehrerzimmer vorbei, um ein paar Unterlagen von meinem Tisch einzusammeln. Im Lehrerzimmer treffe ich auf Roya und damit auf den Gegenpart zu meiner aktuellen Stimmungslage.

Meine Kollegin kauert in sich zusammengesunken auf einem Stuhl in dem ansonsten menschenleeren Raum und betupft mit einem Taschentuch zitternd ihre Augenwinkel. Da ich sie im Laufe des Tages nirgends antreffen konnte, habe ich in ihrem Fach eine kurze Notiz über den Vorfall mit dem politisch gebräunten Paul hinterlassen. »Ach Roya, so dramatisch war die Sache doch gar nicht!«, versuche ich sie zu trösten und lege einen Arm um sie, während ich mich auf den Stuhl neben ihr gleiten lasse. Roya windet sich ruppig aus meiner Umarmung und schaut mich aus glasigen Augen vorwurfsvoll an: »Nein?!«, gibt sie sarkastisch zurück. »Dann gehört es jetzt also zum Lehreralltag, von irgendwelchen Schlägertrupps unter Druck gesetzt zu werden, ja?« – »Was?«, frage ich ungläubig und kläre das Missverständnis aufgrund meiner falschen Schlussfolgerungen auf: »Ich dachte, es geht um Paul.« Roya schüttelt den Kopf. Stockend erzählt sie mir, dass zu Beginn der letzten Hofpause auf einmal drei erwachsene Brüder von Samira vor ihrem Klassenzimmer aufgetaucht sind und sie zu einem Gespräch über die Auseinandersetzung mit Aylin in der Umkleide aufgefordert haben, wovon Samira ihre Geschwister vermutlich per SMS informiert hat. Da rächt sich mal wieder der laxe Umgang damit, dass an der *Kaspar Hauser* ständig schulfremde Personen ein- oder ausgehen und es zugeht wie in einem Taubenschlag.

Zu allem Überfluss wurde das Trio auch noch vom Patriarchen der Großfamilie begleitet, deren Namen man seit geraumer Zeit aus Medienberichten über Clan-Kriminalität kennt. Roya erklärte sich – was blieb ihr übrig? – zu einer Unterhaltung bereit, und die fünf nahmen im leeren Klassenraum Platz, obwohl Roya zu diesem Zeitpunkt noch gar nichts über den vermeintlichen Mobbing-Angriff von Aylin auf Samira zu Ohren gekommen ist. Hinter geschlossener Tür verlangten die Männer schroff, dass Aylin für ihr Vergehen gegen Samira hart bestraft wird. Außerdem sollte Roya bei Aylins Eltern anrufen und ausrichten, mit wem ihre Tochter sich da angelegt hat. Die mutige Klassenlehrerin verbat sich höflichst die Einmischung in ihre Arbeit und lehnte es zudem ab, den Botendienst für die Drohnachricht zu übernehmen.

Das betagte Familienoberhaupt, dem einer der Brüder als Dolmetscher diente, zeigte sich pikiert über Royas Verweigerungshaltung und ließ übersetzen, er werde sodann persönlich zu Aylin nach Hause fahren und ihrer Mutter ins Gesicht treten. Der Rädelsführer des Trio Infernal setzte noch die Information obendrauf, dass er bereits einmal eine Lehrerin ins Krankenhaus geprügelt hat und dies nach eigener Aussage *gern* wiederholen könnte. Um seine Glaubwürdigkeit unter Beweis zu stellen, hielt er Roya sein Smartphone mit einem Artikel über seine vergangene Tat unter die Nase. Meine Kollegin, die nun um Leib und Leben fürchten musste, wurde unterwürfig. Sie bettelte darum, zuerst ein klärendes Gespräch mit Aylin und Samira über den Streitfall führen zu dürfen, bevor der Clan die Sache selbst in die Hand nimmt. Dank viel diplomatischer Raffinesse und noch mehr unterwürfigen Gesten erhörten die Männer ihr Flehen letztendlich und gewährten ihr die Chance.

Sobald die Intensivstraftäter von dannen gezogen sind, rannte Roya auf den Schulhof und trommelte Aylin und Samira zusammen. Bewundernswert nervenstark in Anbetracht der Situation arbeitete sie den Vorfall mit den Mädchen sofort auf. Auf Samiras Nachfrage hin, woher Roya überhaupt von dem Zwischenfall wisse, erzählte sie ihr knapp eine jugendfreie Version vom Auftritt der Brüder.

Dem Mädchen war das Auftauchen ihrer Geschwister sehr peinlich, zumal sie beteuerte, die Ereignisse nicht derart drastisch geschildert zu haben. Sie hatte sich mit der Nachricht an ihren großen Bruder lediglich kurz Luft machen wollen. Im Laufe des nachfolgenden Gesprächs vertrugen sich Aylin und Samira ruckzuck und schlenderten nach dem Gespräch sogar Händchen haltend zurück in den Unterricht. Irgendwie vollbrachte Roya anschließend auch noch das Kunststück, die letzten Schulstunden zu meistern und erst hinterher, also jetzt, im Lehrerzimmer zusammenzubrechen.

*Die Frage, ob Roya die Polizei einschaltet, kann ich mir sparen. Wir alle kennen doch die Geschichten über Nebenkläger, die bei Gerichtsprozessen in Verbindung mit Clanmitgliedern unter plötzlichen Erinnerungslücken leiden. Ganz ehrlich: Ich habe ja schon Schiss, während ich diese Zeilen hier unter Pseudonym zu Papier bringe – unter keinen Umständen würde ich mit meinem Klarnamen Anzeige gegen Angehörige der beschriebenen Familie erstatten. Roya geht es da genauso und übrigens auch anderen*

*Lehrern, von denen ich ähnliche Berichte kenne. Im Umkehrschluss kann sich die Kontaktscheue von uns »Normalos« zu bestimmten Großfamilien leider als sehr nachteilig für deren unbescholtene Verwandte erweisen. Samira ist ein freundliches, braves Mädchen, das nicht auf den Kopf gefallen ist.*

*Allerdings dürfte fraglich sein, wie viel Erfolg sie mit ihrem stigmatisierenden Nachnamen in einigen Jahren trotz ihrer sicherlich gewissenhaft erstellten Bewerbungsunterlagen bei einem Personalchef haben wird. Die Familien, denen ein schlechter Leumund anhaftet, umfassen oft Tausende Mitglieder, von denen nur ein geringer Prozentsatz straffällig wird. Leider sind die Taten der schwarzen Schafe oft so grausam, dass gleich an der ganzen Familie ein Makel klebt. Solange in Deutschland keine Verpflichtung zu anonymisierten Bewerbungsverfahren eingeführt wird, haben die Kinder und Kindeskinder von Namensvettern der Clanbosse schlechte Karten auf dem Arbeitsmarkt. Und wenden sich dann im Zweifelsfall mangels Alternativen eben doch irgendwelchen Machenschaften zu …*

Ich rede Roya gut zu, dass die Angelegenheit nun geklärt sei und sie keine Angst vor Samiras zähnefletschender Teilverwandtschaft haben müsse. Gemeinsam verlassen wir das Schulgebäude in Richtung Parkplatz. »Hast du schon mal mit dem Gedanken gespielt, die Schule zu wechseln?«, frage ich sie, als wir vor unseren Autos angekommen sind. Roya gluckst. »Wer hat das nicht?«, fragt sie zurück. Wenigstens kann sie wieder lachen. »Ich weiß, dass an anderen Schulen vieles besser läuft«, schließt sie an, »aber als Klassenlehrerin begleite ich Schüler über Jahre hinweg. Egal, wie anstrengend es oft mit ihnen ist: Ich habe meine Kids ins Herz geschlossen und empfinde so etwas wie Mutterliebe ›light‹ für sie. Dieses Gefühl macht es mir quasi unmöglich, die *Kaspar Hauser* zu verlassen. Verrückterweise bin ich hier irgendwie glücklich, ich kann es dir gar nicht genau erklären.«

Nun bin ich es, die herzhaft lachen muss. »Nein, das könnte mir *niemand* genau erklären, glaube ich!«, scherze ich, obwohl ich Royas enge Bindung zu den Nasen in ihrer Klasse als Grund fürs Weitermachen natürlich verstehen kann. Zumindest theoretisch, denn praktisch friste ich durch meine unfreiwillige Rolle als Vertretungsfeuerwehr in der Schule ein Nomadendasein und sehe die Kinder zu unregelmäßig, um eine echte Bindung zu ihnen aufzubauen. Aber jetzt ist nicht der richtige Zeitpunkt, um das mit Roya auszudiskutieren – ich will endlich in die Ferien starten, und Roya muss dringend nach Hause, um meinen Tipp mit dem Likörkaffee auszuprobieren.

KAPITEL 9

# EINBILDUNG STATT AUSBILDUNG

Die freien Tage helfen mir dabei, mir über meine berufliche Zukunft klar zu werden. Je länger ich aus der *Kaspar Hauser* raus bin, desto weniger möchte ich dorthin zurück. Die Entscheidung ist gefallen: Bis zum nächsten Schuljahr im Sommer muss ich mir einen Fluchtweg aus dieser Bildungsmisere-Einrichtung ebnen. Den Grundstein dafür hoffe ich mit meinen rund 30 Initiativbewerbungen an anderen Schulen zu legen.

*Warum ich es initiativ versuche und mich nicht einfach auf ausgeschriebene Stellenvakanzen bewerbe? Weil in unserem schwachsinnigen Schulsystem freie Lehrerjobs nirgendwo einsehbar sind. Arbeitsuchende Lehrer werden über ein zentrales Bewerberverfahren personalsuchenden Schulen einfach zugewiesen, ohne dass sich arbeitsuchender Lehrer und personalsuchende Schule jemals kennengelernt haben. Diese Zwangsehe zwischen Pauker und Penne ist natürlich oft keine glückliche und treibt mitunter seltsame Blüten: So kann dank des verrückten Lehrerlottos ein musikbegeisterter Mathelehrer, der drei Instrumente beherrscht, an einer Sportschule landen, wohingegen ein sportbegeisterter Mathelehrer, der drei Sportarten praktiziert, an einer Musikschule sein Glück versuchen muss. Nun könnte man einwenden, dass beide Lehrer ja Mathe unterrichten sollen und ihre Privatinteressen dabei keine Rolle spielen. Aber wer so etwas sagt, vergisst den großen Einfluss von Unternehmensidentifikation auf die Arbeitsleistung.*

*Kurz gefasst: Wer seinen Arbeitgeber schätzt, der arbeitet motivierter, besser, länger und ist seltener krank. An dieser Stelle muss ich gar keine Quelle als Beleg anführen, das Internet ist übervoll mit Artikeln zum Thema, sodass Sie auch schnell selbst googeln können, wenn Sie mir nicht glauben. Außerdem: Genauso wie* **Sie** *sich selbst aussuchen möchten, wo und für wen Sie malochen, wollen Lehrkräfte das auch. Wollen hilft allerdings nichts, wenn Sie als Lehrer mit Schulwechselwunsch dafür erst mal Umsetzungsanträge stellen müssen, die von der Schulleitung eineinhalb Jahre lang abgelehnt werden dürfen …*

*Leider kommt bei Lehrern zu der wirklich selten dämlichen Idee, ihre Jobs nach dem Zufallsprinzip zu verteilen, noch etwas erschwerend hinzu: Wir Pauker landen dabei häufig nicht mal an der Schulform, für die wir studiert haben. Gymnasiallehrer finden sich plötzlich in Grundschulen wieder, und Realschulpädagogen arbeiten auf einmal an Sonderschulen. Als sei es egal, dass wir mit unserer Studienwahl eine persönliche* **Entscheidung** *darüber getroffen haben, ob wir mit den Kleinen oder eben mit den Großen arbeiten möchten. Und als gäbe es keine Unterschiede zwischen dem Unterrichten von Sechsjährigen und 16-Jährigen.*

*Grund für den Irrsinn ist natürlich der Lehrermangel. Jedoch haben wir in Deutschland auch einen Mangel an Altenpflegern, trotzdem setzen wir auf die leeren Posten im Seniorenheim keine Kita-Erzieher mit der Begründung, dass sie ja hier wie dort ihren Schützlingen Fencheltee eingießen, sie in Mensch-Ärgere-Dich-Nicht gewinnen lassen und ihnen den Hintern abwischen. Wenn unser Schulverwaltungsapparat ein Schüler wäre, müsste ich ihm einen I-Status verpassen, Förderschwerpunkt: Geistige Entwicklung.*

Mein Selbstvertrauen, was meine pädagogischen Fähigkeiten anbelangt, hat durch meine Erfahrungen an der *Kaspar Hauser* einen ordentlichen Dämpfer bekommen, weshalb ich meine Unterlagen ausschließlich an Oberschulen sende. Nicht, dass große Kinder weniger pädagogisches Handwerkszeug als kleine Kinder erforderten, aber ich spüre, dass ich erst mal eine Pause von Grundschulen im Allgemeinen brauche.

Dass ich eigentlich sowieso *Gymnasial*lehrerin bin, spielt bei meiner Entscheidung keine Rolle, denn fürs Gymnasium wurden mir in der Uni auch nicht mehr Kunstgriffe beigebracht als für die Grundschule. Lehramtsstudiengänge unterscheiden sich zwar in manchen Punkten je nach gewählter Schulform voneinander, aber eins haben alle gemeinsam: Sie sind *theoriebasiert* und vermitteln dementsprechend wenig *praktisches* Handwerkszeug. Sind ein paar Beispiele aus meiner Studienzeit gefällig? Bitte sehr:

Ich besuchte ein Seminar zur Literaturdidaktik, geleitet vom Professor höchstpersönlich. Ich hatte mich bereits daran gewöhnt, dass didaktische Kurse nie didaktisch ausgerichtet waren. Kein Dozent erklärte, mit welchen Methoden ich die Klasse am besten zur Mitarbeit motiviere, wie sich Lehrer im Klassenraum behaupten können oder in welchem Rahmen Schüler reglementiert werden dürfen und sollen. Von solchen Informationen »verschonte« uns auch Professor Skimme. Stattdessen teilte er uns Kurzgeschichten aus, und wir besprachen Woche für Woche die Bedeutung von Ort, Zeit und Raum für die Handlung. Zu einer der Geschichten waren Aufgaben abgedruckt, die für die sechste Klasse vorgeschlagen waren. Ziemlich knifflig, dachte ich beim Durchlesen und fragte Professor Doktor, ob Sechstklässler das tatsächlich schon draufhätten.

Skimme warf einen oberflächlichen Blick aufs Blatt und sagte lapidar: »Weiß ich nicht, da habe ich keine Erfahrung.« Dann rief er den nächsten sich meldenden Studenten auf. Ich zog meinen Terminkalender aus der Tasche und begann zu schreiben. Aus Angst, etwas Wichtiges verpasst zu haben, fragte meine Sitznachbarin mich, was ich notierte. Ich teilte ihr mit, dass ich Skimmes Antwort schriftlich festhielt, damit ich sie später selbst noch glauben konnte. Der Professor für Literaturdidaktik konnte mir am 26.11.2013 aus Mangel an Erfahrung nicht beantworten, ob eine Aufgabe für Schüler einer bestimmten Schulstufe zu bewältigen ist oder nicht.

Meine grinsende Kommilitonin zückte ihr Handy und googelte den Werdegang des Professors. Es stellte sich heraus, dass es nicht nur in der Schule, sondern auch in der Uni »fachfremden« Vertretungsunterricht gibt: Skimme wurde bereits kurz nach seinem Referendariat 1996 an der Uni angestellt und hat seither keinen Klassenraum mehr von innen gesehen. Nichtsdestotrotz bildet er noch ein Vierteljahrhundert später Lehrkräfte in Didaktik aus. Oder eben auch nicht.

Das Fach Erziehungswissenschaften, das Lehramtsanwärter zusätzlich zu ihren angestrebten Unterrichtsfächern belegen müssen, hält *wissenschaftlich* auf jeden Fall, was es verspricht. Als Beispiel dafür diene eine Aufgabe aus meiner Abschlussklausur in »Bildungsforschung«. Die Klausur kann ich übrigens so exakt zitieren, weil der Dozent jedes Semester die gleiche schreiben lässt und Fotos davon unter den Studenten von Generation zu Generation weitergegeben werden. Also, die Aufgabe lautet:

*Das deduktiv-hypothetische Forschungsparadigma kann mit verschiedenen Begriffen oder Dimensionen vom qualitativen, interpretativen Forschungsparadigma abgegrenzt werden. Welcher Begriff gehört nicht zum deduktiv-hypothetischen Forschungsparadigma? (2 Punkte)*

*objektiv*
*verstehen*
*messen*
*Stichprobe*
*Theorien prüfend*

Warum ich für meinen Lehrerberuf fähig sein muss, solche Fragen zu beantworten, will sich mir beim besten Willen nicht erschließen. Wie ich mir bei meiner Kommilitonin aus Literaturdidaktik abgeguckt habe, suchte ich im Internet nach dem Dozenten: Vor seiner Habilitation in Erziehungswissenschaften hat der Diplom-Pädagoge, so steht es auf seiner Homepage, an verschiedenen Unis als wissenschaftlicher Mitarbeiter gearbeitet. Einträge zu Tätigkeiten in Jugendzentren, Schulen, Kitas, Heimen oder anderen Einrichtungen, in denen Pädagogen arbeiten, habe ich nicht gefunden.

Ein anderes Seminar in Erziehungswissenschaften bildete mich laut Titel in der »Psychologie des Lernens«. Ich freute mich auf Mittel und Methoden, die meinen künftigen Schülern, und vielleicht ja auch mir, das Büffeln erleichtern. Mnemotechniken oder Assoziationsketten vielleicht. Weit gefehlt: Das Thema der ersten Wochen war die Meeresschnecke Aplysia. Da sie, wie ich gelernt habe, über ein simples Nervensystem verfügt, lassen sich an ihr einfache Lernprozesse wie die »Sensibilisierung« gut, wenn auch grausam, darstellen.

Wir erfuhren, dass man im Tierversuch das Umgebungslicht der Schnecke blau einfärbte und ihr damit einhergehend einen Stromschlag verpasste. Schon nach wenigen Wiederholungen krümmte sich das arme Geschöpf angsterfüllt zusammen, wenn die Beleuchtung entsprechend verändert wurde, *ohne* dass ein Stromschlag folgt – sie hat das blaue Licht mit dem kommenden Schmerz assoziiert. Danke schon mal für diese Informationen. Ich muss mich gewiss nur noch ein wenig länger gedulden, bis sie mir eines Tages im Klassenzimmer mit der 5f nützlich sind …

Klar, wir beschäftigten uns nicht das ganze Semester lang mit der Schnecke. Wir wandelten auf Grzimeks Spuren durchs halbe Tierreich bis hin zum Pawlowschen Hund. Der geiferte ja bekanntermaßen schon erwartungsvoll, wenn er bloß Herrchens Schritte hörte, weil er dessen Erscheinen mit Futter verband. Auch *diese* Seminarinhalte kann ich leider nicht mit meinem aktuellen Job verknüpfen. Vielleicht sollte ich Schüler für richtige Antworten mit Würstchen belohnen, um sie endlich scharf auf meinen Unterricht zu machen?

Kommen wir zum Lehrstuhl für Sonderpädagogik: Über meine wahrlich *sonder*bare Dozentin konnte ich leider nichts im Netz finden. Schade, zu gern hätte ich gewusst, womit diese freundliche ältere Dame ihr Geld verdient hat, bevor sie irgendwie ihren Weg in eine Universität gefunden hat. Frau Klein betrat den Raum stets ausgerüstet mit einem Karton voller Wachsmalstifte, Scheren und Glitzerklebstoff. Unter ihrer Anleitung malten wir Bilder, bastelten aus Papptellern Masken, warfen uns gegenseitig einen Ball zu und lernten – nichts.

Wir waren angehende Gymnasiallehrer, die mitten im Studium von jüngst beschlossenen Inklusionsmaßnahmen überrascht wurden. Plötzlich sollten Lehrer fortan auch Kinder mit körperlichen und geistigen Behinderungen in den Regelklassen unterrichten. Wir fanden die Idee gut, hatten aber gehörigen

Respekt vor dieser neuen Aufgabe. Dringend hätten wir von Sonderpädagogin Klein Informationen über Sonderpädagogik gebraucht, doch alles, was wir bekamen, waren Masken aus Papptellern.

Die Bastelstunden waren aber immer noch besser als das fachdidaktische Seminar mit dem Titel »Politiklehrer und wie sie sich selbst sehen«. Dozentin Dr. Kiesand, Studienabschluss 1982 in Russisch und Französisch, gab uns einige Empfehlungen für Lehrwerke und Fachliteratur. Einige der gelobten Bücher hatte sie mitgebracht und ließ sie zur Anschauung herumreichen. Eines der angegilbten Exemplare trug den Titel: *Staatsbürgerkunde Klasse 7 – Einführung in die sozialistische Produktion.* Herausgegeben 1987 vom Verlag Volk und Wissen in der DDR. Ein Lehrwerk also, das buchstäblich aus einem Land vor unserer Zeit stammt. Abgesehen von dieser bewundernswert ausgeprägten didaktischen Rückständigkeit ist in dem Didaktik-Kurs nichts Erwähnenswertes passiert. Jede Woche kritzelten wir jungen Genossen Dr. Kiesands Auftrag folgend in langwierigen Prozeduren irgendwelche Assoziationsbegriffe zu vorgegebenen Schlagworten wie »guter Lehrer« auf Notizzettel. Diese wurden dann an die Tafel geheftet, in irgendwelche Kategorien eingeteilt und zack, war die Zeit auch schon rum.

Und erschwerend kommt hinzu, dass Lehramtsstudenten keinen guten Ruf an der Uni genießen und ihnen wenig Respekt entgegengebracht wird. Das war immerhin mal eine universitäre Erfahrung, die mich tatsächlich *praktisch* auf den Lehrerberuf vorbereitet hat. Lehramtsstudenten zählten an meiner Uni für andere Studierende und auch in den Augen einiger Dozierender nicht als »echte« Wissenschaftler, eher als Studenten zweiter Klasse. Dass wir mit den »normalen« Studis gemeinsam dieselben Kurse und Prüfungen absolvierten, kümmerte sie dabei alle wenig. Eine BWL-Dozentin, deren Vorlesung ich für mein Politikstudium besuchen musste, verstieg sich in ihrer Antrittsvorlesung zu folgender Aussage: »Ich habe auf der Teilnehmerliste gesehen, dass wir auch in diesem Semester wieder *Lehramts*studenten in diesem Hörsaal haben. Keine Sorge, Sie müssen sich jetzt nicht melden und sich outen …« Alle außer uns Lehramtsstudenten lachten sich kaputt über den »Gag«. Keine Ahnung, woher dieser Hochmut gegenüber angehenden Lehrern kommt.

Trotz allem muss ich für mein Studium eigentlich noch dankbar sein, denn immerhin habe ich an einer Universität studiert, an der angehende Lehrer auch mal *Schüler* zu Gesicht bekommen. An den Unis in Berlin beispielsweise stand zu meinen Studienzeiten lediglich ein zweiwöchiges Hospitationspraktikum – eine hochtrabende Umschreibung für »hinten im Klassenzimmer sitzen und gucken« – auf dem Plan für Lehramtsstudierende. Selbst unterrichten durften diese erst gegen Ende ihres Masters. Wer dann im sogenannten Praxissemester erstmals vor einer Schulklasse steht und feststellen muss, dass dieser Beruf nichts für ihn ist, hat fünf Jahre Studium in den Sand gesetzt.

*Und, kleiner Exkurs, findet mit dem Lehramts-Bachelor im Gepäck kaum Arbeit. Oder haben Sie schon mal Stellenausschreibungen gesehen, in denen nach einem Bachelor of education gesucht wird? Mit einem »normalen« Bachelor in Germanistik kann man mehr anfangen als mit einem Bachelor in Deutsch auf Lehramt. Und wie Sie wissen, haben* **Germanisten** *schon nicht die besten Jobaussichten. Es wäre also auch in dieser Hinsicht gut, Lehramtskandidaten früh die Chance zum Unterrichten zu geben. Warum Lehrer keine »duale Ausbildung« durchlaufen, also*

*Uni und Schule im regelmäßigen Wechsel besuchen, kapiere ich nicht. Aber ich werde schon wieder zu politisch, eigentlich wollte ich ja vom praktischen Teil meines theorieverliebten Studiengangs berichten:*

Nach meinem ersten Jahr an der Uni wurden wir Studierenden in Fünfergrüppchen eingeteilt, in denen wir zusammen für mehrere Wochen eine Schule besuchten. Meine Gruppe hatte Losglück, wir landeten an einem guten Gymnasium. Dort erarbeiteten wir unter Anleitung von Lehrerin Frau Schubert und Seminarleiterin Dr. Rohde eine Unterrichtsreihe zum Thema Lyrik. Die vorbereiteten Stunden hielten wir Studis dann nacheinander vor der Klasse ab, während der Rest der Truppe vom Rand aus zuschaute. Hinterher wurden die gelungenen und weniger gelungenen Aspekte der jeweiligen Stunde gemeinsam ausgewertet. Meine Meinung dazu: Ein richtig guter Plan, ich habe in diesem Praktikum viel gelernt! … Auf gute, aber auch auf weniger gute Weise, wie ich am Tag meiner ersten, eigenen Unterrichtsstunde feststellen musste:

An diesem Dienstagmorgen stand ich bereits um 07:15 Uhr im Lehrerzimmer und ging zum einhundertsten Mal den wortwörtlich *minutiös* zu verschriftlichen Unterrichtsablauf durch. »Einstieg«, »Hinführung«, »Erarbeitung«, »Sicherung«, »Reflexion«. Diese »fünf Phasen guten Unterrichts« sollten mich als strenge Vorschrift bis ins Referendariat und durch meine Albträume begleiten. Dass im echten Berufsleben kein Lehrer nach diesen strikten Prinzipien arbeitet, ist offenkundig egal. Auch mir war die sogar in einer *praktischen* Prüfung steckende Praxisferne vor lauter Aufregung einerlei. Um halb acht ging ich hinüber ins Klassenzimmer, kontrollierte das Funktionieren des Smartboards, zählte zum x-ten Mal die Kopien meiner

Arbeitsblätter durch und rezitierte gedanklich den Verlaufsplan der Stunde. Darin musste ich vorab wortwörtlich darlegen, was ich wann zu den Schülern sagen würde. Als die Stunde endlich losging, kam ich mir vor wie eine Schauspielerin, und das war ich mit meinem auswendig gelernten Text ja auch.

Trotzdem lief die Stunde in der neunten Klasse erst mal richtig gut. Bis Florian, der direkt vorm Lehrertisch in der ersten Reihe saß, damit anfing, sich laufend zu den hinter ihm sitzenden Mädchen umzudrehen, und mit ihnen quatschte. Milde lächelnd bat ich den 15-Jährigen, den Blick wieder auf die Tafel zu richten und am Unterricht teilzunehmen. Einmal. Zweimal. Dreimal. Bei Ermahnung Nummer vier wurde meine Stimme schneidend, bei der fünften Störung verlor ich schließlich die Geduld.

Erneut wendete Florian mir bloß seinen Hinterkopf zu und kicherte mit den Mädels hinter sich um die Wette. So bemerkte er nicht, wie ich von vorn dicht an seinen Tisch herantrat und mit Wucht meine flachen Hände lautstark auf dessen Holzplatte aufklatschen ließ. Erschrocken fuhr der Junge zusammen und zu mir herum. »Florian, es reicht!«, blaffte ich ihn energisch an. »Dreh dich jetzt gefälligst nach vorn und sei still, wenn du nicht im Unterricht mitmachen willst!« Mit gesenktem Blick rutschte mein Schüler mit seinem Stuhl ordentlich an seinen Tisch heran und stellte tatsächlich seine Privatgespräche ein. Ich kehrte zum Unterrichtsthema zurück und konnte die Stunde nicht nur fortan reibungslos, sondern auch mit dem gewünschten antizipierten Stundenergebnis zu Ende bringen. Entsprechend frohgemut fand ich mich nach einer kurzen Pause zum Reflexionsgespräch am runden Tisch im Konferenzraum ein, wo ich entgegen meinen Erwartungen zügig auf der Anklagebank landete.

Dr. Rohde funkelte mich mit aufeinandergepressten Lippen streng über den Rand ihrer Brille hinweg an. »Sie haben Florian zu Tode erschreckt, Frau Strofe! Wie konnten Sie das arme Kind nur so anschreien?!«, nahm meine Seminarleiterin mich in die Mangel. »Was hätte ich denn ansonsten machen sollen?«, antwortete ich überrascht mit einer Gegenfrage. Dr. Rohde schüttelte ungeduldig den Kopf, als läge die Lösung auf der Hand: »Sie hätten den Jungen freundlich um seine Aufmerksamkeit bitten sollen!«, belehrte sie mich. Nun war *ich* mit dem Kopfschütteln an der Reihe und erwiderte: »Aber genau das habe ich doch *viermal* getan. Irgendwann muss doch mal Schluss sein mit Bitten und Betteln!«

Frau Dr. Rohde schnaubte verächtlich. »Na, da gibt es aber durchaus bessere Wege, als ein Kind so niederzumachen«, gab sie säuerlich zurück. Noch immer völlig überrumpelt fragte ich: »Welche Wege denn?« Meine puterrot angelaufene Seminarleiterin sah zur Seite und schwieg sich aus, also stellte ich noch mal klar: »Das war keine rhetorische Frage, ich wüsste *wirklich* gern, welche Aussage angemessen gewesen wäre.« Nach einer weiteren Pause informierte Dr. Rohde mich schließlich: »Sie hätten sagen können: ›Florian, würdest du bitte mal versuchen zuzuhören?‹« Ich konnte nur den Kopf schütteln. »Ganz ehrlich, ich bin ja ein Freund von Höflichkeit, aber bei der *fünften* Unterrichtsstörung habe ich die Konjunktive satt«, blieb ich uneinsichtig. Meine Dozentin sah mich an, als wollte sie mir am liebsten an die Gurgel springen. »Dass Sie sich *das* auf *Ihrem* Stand der Ausbildung erlauben …« – »Soll ich mir etwa von den Kids auf der Nase herumtanzen lassen, nur weil ich noch kein Staatsexamen in der Tasche habe?«, giftete ich mittlerweile stinksauer zurück.

Meine peinlich berührten Kommilitonen, die mit uns um den Tisch verteilt saßen, wollten mich aus der Schusslinie bringen und lenkten das Gespräch geschickt auf andere Aspekte meiner Unterrichtsstunde. Als ich eine halbe Stunde später endlich mit meinen Mitstreitern das Schulgelände verließ, redeten sie mir gut zu: »Wir fanden die Stunde richtig gut. Auch, dass du dich bei Florian so durchgesetzt hast.« Ich dankte ihnen für die warmen Worte, fuhr aber trotzdem frustriert nach Hause.

Noch wochenlang dachte ich über meine Auseinandersetzung mit Dr. Rohde nach. Bis zum unschönen Ende meiner ersten Lehrprobe war ich sicher, meine Fähigkeit zur Strenge könnte für den Lehrerberuf durchaus von Vorteil sein. Nachdem ich unzählige Male die Situation mit Florian Revue passieren ließ, schüttelte ich meine durch den Dozenten-Disput initiierte Unsicherheit ab und gelangte erneut zu der Ansicht, richtig gehandelt zu haben. Sturheit ist nämlich noch einer meiner Charakterzüge, und in diesem Fall war ich einmal dankbar dafür.

Ich war heilfroh, nach dem Master endlich aus der Uni rauszukommen. Da ich dort ja leider keine geeignete Ausbildung erhalten hatte, setzte ich diesbezüglich nun meine Hoffnungen aufs Referendariat. Dort würde ich nämlich echten Schülern an echten Schulen echten Unterricht erteilen, was es in meinen Augen unmöglich machte, in den Begleitseminaren, die außerdem von nebenbei an Schulen angestellten Lehrern geleitet werden, weiterhin nur graue Theorie abzuarbeiten. Damit lag ich sogar richtig, musste aber lernen, dass allein die Abwesenheit von Texten über Meeresschnecken und hypothetische Forschungsparadigma noch lange kein gutes Seminar ausmacht. Auf mein Seminar zu Politikdidaktik, das ich als angehende Politiklehrerin für die Dauer des Referendariats belegen musste, lasse ich nichts kommen. Das leitete ein fähiger, kluger Lehrer, der Unterrichten unterrichten konnte. Beim sogenannten »Allgemeinen Seminar«, das Referendare sämtlicher Schulfächer gemischt besuchten, sah die Sache schon anders aus. Die Veranstaltung müsste sich realistisch betrachtet in »Allgemeine Selbsthilfegruppe« umbenennen. Da sitzen 25 angehende Lehrer beisammen und schildern dem Seminarleiter nacheinander ihre persönlichen Probleme und Erfolge in der Schule. Und zwar sehr ausführlich, denn viele Lehrer reden naturgemäß gern.

Ich verurteile absolut nicht, dass meine Mitstreiter ihre Erfahrungen mitteilen wollten, im Gegenteil, das ist mit Sicherheit wichtig für sie und lehrreich für mich. Eine Zeit lang. Aber über zweieinhalb Stunden hinweg, jede Woche, für eineinhalb Jahre traurige Musiklehrer trösten, die keine Chor-AG an ihrer Schule gründen können? Oder artig stolze Kollegen beglückwünschen, die detailliert von ihren gelungenen Lehrproben berichten? Oder die pädagogische Eignung unterschiedlicher Ausflugsziele für den Wandertag eines unentschlossenen Geschichtslehrers diskutieren? Ich glaube, statt eines »Seminars« eine offene Seelsorge-Sprechstunde beim durchaus blickigen, hilfsbereiten Seminarleiter einzurichten, wäre das bessere Angebot gewesen.

Über mein Seminar für das Unterrichtsfach Deutsch kann ich nichts sagen, denn es ist, wie es »nach Corona« auf vielen Schulzeugnissen heißt, »nicht erfolgt«. Die kumpelhaft auftretende Seminarleiterin läutete unsere Sitzungen an jedem Mittwochvormittag stets mit 30 Minuten »Ankommen und wohlfühlen« ein. Sprich: Wir Referendare saßen herum und quatschten miteinander. Die ruhelose Frau Geier rauschte währenddessen aus dem Raum hinaus und wieder herein und ging irgendwelchen Erledigungen nach, bevor sie endlich das Wort ergriff und sich in ihrer bemüht lockeren Art nach unserem Wohlbefinden erkundigte. Es hätte mich nicht gewundert, wenn sie einem von uns irgendwann fraternisierend mit dem Ellenbogen in die Seite gestupst und augenzwinkernd gefragt hätte: »Na, alles fit im Schritt?«

Nachdem wir alle freundlich-distanziert versicherten, dass es uns gut ginge, schloss sie einen Wandschrank mit unterschiedlichen Lehrbüchern darin auf. »Schau'n Se sich die Bücher hier mal an, nehmen Se sich alle Zeit der Welt«, lautete ihr saloppper »Arbeitsauftrag« dazu, der uns Referendaren in jeder Lehrprobe das Genick gebrochen hätte. Während wir also ziellos in den Schulbüchern blätterten, vereinbarte sie mit einzelnen Referendaren Termine für kommende Lehrproben oder führte zu vergangenen die vorgeschriebenen Auswertungsgespräche mit dem entsprechenden Lehramtsanwärter. Diese Tätigkeiten sollten logischerweise eigentlich außerhalb der Seminarzeiten stattfinden, aber Frau Geier machte keinen Hehl daraus, wie wenig Lust sie auf Überstunden hatte.

Zügig arbeitete sie also eine unliebsame Aufgabe nach der anderen ab, denn schon in wenigen Minuten wäre sie wieder von der Bildfläche verschwunden, wie wir wussten. Wir konnten buchstäblich *riechen*, wann Frau Geier den Abgang machte, denn Woche für Woche strömte zur Mittagszeit Pizzaduft in unseren Raum, gefolgt vom Türklopfen einer Sekretärin: »Frau Geier, *Dienstbesprechung*!«, flötete sie dann so übertrieben, dass auch ein Sechsjähriger die Ironie darin geschnallt hätte. »Ich komme sofort!«, flötete unsere Seminarleiterin zurück und ließ ihren Worten prompt Taten folgen: Sie huschte aus der Tür und ließ es sich in der nächsten Stunde beim gemeinsamen Mittagessen mit den Büroangestellten schmecken.

Natürlich durchforstete ich das Internet nach ihr, leider vergebens. Nur ein einziger Eintrag lässt sich im Internet unter ihrem Namen finden: eine Lieferdienst-Bewertung für ein italienisches Restaurant in Spuckweite vom Seminarstandort. Der positive Kommentar zur knusprigen Pizza wurde laut Timeline an einem Mittwochmittag verfasst, pünktlich zur wöchentlichen Dienstbesprechung …

Maria, eine Referendarin aus meiner Gruppe, hatte große Schwierigkeiten mit ihrem Deutschunterricht und war an der Schule heillos überfordert. Ihre Fragen und Hilfegesuche wiegelte Frau Geier andauernd durch Witzeleien oder Marginalisierungen ab und entzog sich einer Auseinandersetzung mit Marias Problemen zusätzlich durch räumliche Trennung. Meine damit natürlich unzufriedene Kollegin bemühte sich vergebens um einen Seminarwechsel und begann daraufhin, über die Abwesenheitszeiten der Seminarleiterin Buch zu führen. Ansonsten hatten wir in den Sitzungen ja ohnehin nichts zu tun. Maria missglückte eine Lehrprobe nach der anderen, und sie schmiss das Referendariat schließlich hin.

Ich behaupte nicht, Frau Geier hätte das auf jeden Fall verhindern können, aber es wäre erfreulich gewesen, wenn sie wenigstens den Versuch unternommen hätte. Nachdem Maria das Feld geräumt hat, sendete sie ihre Liste mit den Geier'schen Fehlzeiten und einem gesalzenen Begleitschreiben an die zuständige Stelle der Senatsverwaltung. Dort nahm man ihre Beschwerde glücklicherweise sehr ernst, zumal einige andere Seminarteilnehmer und ich uns als aussagewillige Zeugen der geschilderten Begebenheiten anführen ließen.

Bedauerlicherweise funktionierte der Buschfunk am Studienseminar weniger gut als an der Kaspar-Hauser-Grundschule, sodass ich keine Einzelheiten über den genauen Fortgang der Ereignisse kenne. Sicher ist jedoch, dass Marias Brandbrief für Frau Geier schwere Konsequenzen entfachte: Sie flog von ihrem Posten als Seminarleiterin. Ich weiß nichts über eventuelle Zusammenhänge damit, aber sie verlor außerdem auch ihre Stelle als Lehrerin. Aus der Gerüchteküche hörte man, dass Frau Geier ihre Dienstpflichten auch in der Schule vernachlässigt haben soll. Was ihren Deutschunterricht betrifft, kann ich das bestätigen, denn die Hospitation einer Schulstunde der Seminarleiter gehört zur Ausbildung der Referendare.

So saß ich an einem frühen Nachmittag einige Wochen vor Marias folgenschwerer Mail neben meinen Mitreferendaren in der letzten Reihe von Frau Geiers 8a. Auf meinem Schoß lag ein Schreibblock, damit ich mir all die Kniffe für guten Unterricht notieren konnte, die ich mir in der folgenden Stunde von meiner Seminarleiterin abschauen sollte. Um eine Sehnenscheidenentzündung vom eifrigen Mitschreiben musste ich mir dabei keine Sorgen machen, mein Blatt blieb leer. Frau Geier spielte zunächst auf einem ausgestorben geglaubten Kassettenrekorder eine 20-minütige Passage einer alten Hörbuchaufzeichnung ab. Die Tonqualität war derart schlecht, dass ich dem Gang der aus den 60er-Jahren stammenden Seemannsgeschichte zwischen den knisternden und knarzenden Mikrofongeräuschen kaum folgen konnte.

Weil es den Schülern natürlich nicht anders erging, konnte ihr niemand die geforderte inhaltliche Zusammenfassung liefern, nachdem Frau Geier die Spule endlich gestoppt hatte. Die Deutschlehrerin quittierte die ausbleibende Beteiligung ihrer

Klasse mit einem Augenrollen und schrieb sichtlich genervt eine Inhaltsangabe an die Tafel, die ihre Schüler dann abschreiben mussten. Damit waren die Kids bis zum Stundenende beschäftigt und schlurften dann mit müden Gesichtern aus dem Klassenzimmer.

Frau Geier schloss die Tür hinter ihnen und echauffierte sich vor uns über die Trägheit und das mangelnde Literaturverständnis der »Jugend von heute«.

Am Seminarstandort munkelte man jedoch gar nicht über die Unterrichtsqualität von Frau Geiers Deutschstunden, sondern stellte vielmehr die Integrität der Pädagogin infrage. Referendaren, die an der gleichen Schule wie Frau Geier eingesetzt wurden, war angeblich zu Ohren gekommen, dass es Unregelmäßigkeiten bei den Ausgaben aus der Klassenkasse gegeben hatte ...

Aber ehrlich gesagt denke ich, dass viele Referendare selbst beim besten Seminarunterricht der Welt nicht genug mitnehmen können, weil ihnen die ganze Zeit über die Panik vorm Examen im Nacken sitzt. Bei jedem Seminarthema, jeder Lehrmethode, jedem Halbsatz im schriftlichen Unterrichtsentwurf zur Lehrprobe meldet sich einer von uns und stellt die Frage aller Fragen: »Kann ich das im Examen so machen?« Das ganze Referendariat hängt für uns von zwei Unterrichtsstunden ab, die man am Ende der Ausbildung nach eineinhalb Jahren im wahrsten Sinne des Wortes *vorführen* muss.

Nachdem wir uns also 18 Monate lang an unseren Schulen bewährt und mindestens zehn Lehrproben vor den Fachseminarleitern absolviert haben, heißt es jetzt: Alles oder nichts. Wer durchs Examen fällt, muss sich noch ein halbes Jahr Seminarsitzungen geben, bis er es erneut versuchen darf. Wer zweimal durchrasselt, ist raus, die Prüfung darf nicht nochmal wiederholt werden. Diese zwei kleinen Kackstunden sind so wichtig, dass unser Fokus vom ersten Tage des Referendariats an auf ihnen liegt. Tunnelblick. Am Ende sind die beiden Vortanzstunden derart konstruiert, gekünstelt und zurechtformuliert, dass einem die Stunden selbst völlig fremd sind.

Aber dass manchen jungen Lehrern in solchem Prüfungsstress und vor den Augen einer vierköpfigen Kommission hinten im Klassenzimmer die Nerven durchgehen, ist in den Ausbildungsanforderungen nicht vorgesehen. Warum nicht einfach aus all den erledigten Lehrproben im Referendariat (und den beiden außerdem bestandenen theoretischen Prüfungen im Seminar) eine Durchschnittsnote errechnen? Warum der Showdown im Klassenzimmer, von dem Referendare, Schüler und Prüfungskommission wissen, dass alles bloß einem »pädagogisch wertvollen« Drehbuch folgt?

KAPITEL 10

# OPIS WELTBILD

Nach Silvester startet die Schule zwar in einem neuen Kalenderjahr, aber mit den alten Problemen. Mehrmals täglich durchsuche ich mein Mail-Postfach nach positiven Antworten auf meine Bewerbungen, aber kassiere nur eine Absage nach der anderen. Das mag angesichts des Lehrermangels verwunderlich erscheinen, ist aber logisch, da ich meine Bewerbungen ausnahmslos an Schulen mit tadellosem Ruf geschickt habe und es dort kaum Fluktuation im Kollegium gibt. Verständlich, wer es einmal auf eine solche Insel der Seligen geschafft hat, gibt seinen Posten so schnell nicht mehr auf. Also heißt es für mich erst mal abwarten und Likörkaffee trinken.

»Katha, du glaubst es nicht: Die neuen Bälle sind da!«, begrüßt mich eines Morgens Can im Lehrerzimmer und wedelt hocherfreut mit einem Lieferschein vor mir herum. »Super!«, rufe ich und schlage in seine zum High-Five erhobene Hand ein. Can beäugt versonnen seinen Lieferbeleg wie einen Liebesbrief seiner Angebeteten. »Dann schaue ich mir bald mal dein Training mit der Mädchenfußball-AG an, darauf bin ich schon lange neugierig!«, kündigt der fußballvernarrte Sportlehrer an.

Vor Schreck verschlucke ich mich an meiner eigenen Spucke und huste länger als nötig, um Zeit für das Zurechtlegen einer passenden Antwort zu gewinnen. Can ahnt nämlich nichts vom Laissez-faire in meiner AG. Im Gegenteil: Auf seine regelmäßigen Nachfragen hin, wie es mit meinen Fußballmädels läuft, habe ich gelogen, dass sich die Torpfosten biegen. Es wird

Sie bestimmt sehr überraschen, aber manchmal neige ich zur Übertreibung. Ohne mit der Wimper zu zucken berichtete ich Can also von ausgefeilten Koordinationstrainings, schnellem Umschaltspiel und spektakulären Fallrückziehern meiner Kids. Alles mit Schaumstoffbällen, gar kein Problem. Nun ist guter Rat teuer. »Äh … Super, ich freue mich, wenn du zum Training vorbeikommst!«, ziehe ich meine Rolle als Baronesse von Münchhausen weiter durch. Can strahlt wie ein Honigkuchenpferd und verabschiedet sich in die Turnhalle, um die brandneuen runden Leder gleich in Augenschein zu nehmen.

Kaum habe ich das erste schwierige Gespräch des Tages hinter mir, steht bereits das nächste an: Ein sichtlich aufgewühlter Dr. Altmann eilt quer durchs Lehrerzimmer auf mich zu. »Frau Strafe, Sie sind doch für den DaF-Unterricht zuständig. Kommen Sie unbedingt in der großen Pause in mein Büro, wir müssen dringend über die Willkommenskinder sprechen!«, redet er drauflos. »Okay, aber worum geht denn genau?«, will ich wissen. Altmann erklärt: »Um die Anzahl an Willkommenskindern in der *Kaspar Hauser*. Wir müssen irgendwie noch weitere Schüler auf unsere entsprechende Liste setzen. Andernfalls schickt uns die Senatsverwaltung noch mehr Willkommenskinder in die Schule, als zum neuen Halbjahr ohnehin schon geplant ist. Das können wir nicht stemmen.« Ich bin so erstaunt darüber, dass Altmann offenbar zum Erkennen von Problemlagen an der Schule fähig ist, dass mir erst mal die Spucke, an der ich mich eben noch verschluckt habe, wegbleibt.

Schnell drängt sich mir dann aber eine Frage auf: »Wie soll die Liste denn verlängert werden, wenn doch schon alle Kinder mit einem Anspruch auf den Status als Willkommenskind darauf vermerkt sind?«, erkundige ich mich und ergänze: »Ich habe höchstpersönlich zum Schuljahresanfang stundenlang Schülerakten gewälzt und sämtliche Kids, die seit weniger als einem Jahr in Deutschland leben, aufgeschrieben.« Altmann zuckt fahrig die Achseln und gibt zu: »Keine Ahnung. Wir müssen uns da was ausdenken, Näheres bereden wir in der Pause.« Ich bestätige den Termin, bin aber ratlos, wie an dem schwarz auf weiß vorliegenden Ist-Zustand zu rütteln sein soll.

Wie vereinbart klopfe ich ein paar Stunden später kurz nach Pausenbeginn an die Tür des Direktorats. »Jaja, ist offen«, schallt Herrn Holz' Stimme gelangweilt daraus hervor. Ich trete ein und bin baff über den Anblick im Inneren: Auf dem kleinen Konferenztisch in der Mitte des Raumes liegen über die gesamte Oberfläche hinweg aufgeschlagene Zeitungen, Brötchentüten, benutztes Geschirr, Wurstverpackungen und Schulunterlagen verstreut. Dahinter sitzt ein vornübergebeugter Herr Holz, der grinsend auf das Smartphone in seinem Schoß stiert. Es läuft zwar gerade die Pause, aber selbst die 5f könnte in den zwei Minuten, seit es geläutet hat, kein solches Chaos anrichten. Altmann steht vor seinem Schreibtisch an der Wand und sucht nach einem Ausdruck, wie ich seinem steten Gemurmel entnehmen kann.

Nach einigen Augenblicken dreht er sich zu mir um und sagt: »Setzen Sie sich schon mal, Frau Strafe. Ich schaue kurz nach, ob die Liste vielleicht im Sekretariat gelandet ist.« Er verschwindet durch die Tür, während ich mich auf dem einzigen freien Stuhl neben Herrn Holz niederlasse. Die anderen vier werden von Taschen und Papieren besetzt. Der Konrektor hat mich beim Eintreten nur mit einem knappen Kopfnicken begrüßt. Seither widmet der dauergrinsende Mundatmer seine ganze Aufmerksamkeit einer Fail Compilation auf YouTube, die über seinem

Handydisplay flackert. Der Direktor rauscht wieder ins Zimmer, von der gesuchten Liste keine Spur. »Wo habe ich denn schon wieder meine Brille gelassen? Ohne die erkenne ich im Sekretariat gar nichts«, sagt er mehr zu sich selbst als zu uns Wartenden. Dennoch kann ich ihm auf die Sprünge helfen. Ich räuspere mich laut und tippe mir, als Altmann mich ansieht, vielsagend mit dem Finger auf die Stirn. Der alte Herr fasst sich daraufhin an den Kopf, findet seine dorthin hochgeschobene Sehhilfe und eilt auf der Suche nach seinen Unterlagen wieder davon.

Eine Minute nach der anderen verstreicht. Herr Holz ist mittlerweile beim nächsten Videoclip angelangt, das er mit amüsiertem Glucksen kommentiert. Aus dem Augenwinkel linse ich zu ihm hinüber, um einen Blick auf den Bildschirm zu erhaschen und so die Langeweile zu bekämpfen. Just in diesem Moment passiert es: Da der Holzkopf bereits seit einiger Zeit durchgängig mit gesenktem Haupt und geöffneten Lippen auf sein Telefon guckt, löst sich nun ein erbsengroßer Speichelpfropfen aus seinem Mund und tropft vor meinen Augen direkt auf die Mitte des Displays. Mir wird übel, aber ich kann, gebannt von der Faszination des Grauens, den Blick nicht abwenden. Der Konrektor zieht geräuschvoll Spucke ein und wischt mit dem Ärmel über sein Handy.

Bevor es zu einer weiteren unkontrollierten Abgabe von Körperflüssigkeiten kommen kann, kehrt Dr. Altmann zurück. Stolz reckt er das papierne Resultat seiner erfolgreichen Suche in die Höhe wie eine Siegertrophäe und setzt sich ans Kopfende des Konferenztisches, nachdem er die auf dem Stuhl liegenden Unterlagen achtlos auf das benachbarte Sitzmöbel umverteilt hat. »Also«, sagt Altmann gedehnt und studiert angestrengt die

Liste, auf der eigentlich nicht viel zu studieren ist, weil auf ihr lediglich die Namen und Einreisedaten der Willkommenskinder geschrieben stehen, »wie gesagt: Wir müssen überprüfen, ob wir an der *Kaspar Hauser* neben den hier aufgelisteten Schülern noch weitere Kinder mit einem Willkommensstatus haben.«

Altmann und Holz, der sein Smartphone zur Seite gelegt hat, schauen mich erwartungsvoll an. Ich schüttle den Kopf und wiederhole meine Erklärung von heute Morgen. »Ich habe einen halben Tag auf die Erstellung der Liste verwendet«, versichere ich ihre Vollständigkeit, »Es müsste schon mit dem Teufel zugehen, wenn ich dabei noch Willkommenskids übersehen hätte.« – »Nein, nein, Frau Dorn ist nicht für den DaF-Unterricht zuständig«, wirft Herr Holz in beruhigendem Tonfall von der Seite ein. »Herr Holz, ich bitte Sie«, maßregelt Altmann seinen Stellvertreter milde und wendet sich dann wieder an mich: »Nun gut. Am besten gehen wir die Kinder auf der Liste erst mal gemeinsam von Anfang an durch.«

Ich lege die Stirn in Falten und frage: »Mit Verlaub, wie soll uns das weiterbringen?« Altmann ignoriert meinen Einwand und nimmt stattdessen einen Stift zur Hand. »Geben Sie mir doch bitte zu jedem Kind einen didaktischen Kommentar«, weist er mich an. Meine Geduld schwindet, und ich werde lauter. »Wofür brauchen Sie denn plötzlich einen didaktischen Kommentar? Ziel dieses Gesprächs war es doch, *mehr* Schüler auf die Liste setzen zu können – wie auch immer das klappen soll!« Auch diesen Einwurf überhört mein Chef geflissentlich und liest langsam den ersten Namen auf seinem Ausdruck vor: »Latoya Owubokiri.« Er blinzelt ein paar Mal nachdenklich und ergänzt: »Das klingt schwarz.« Mein Mund steht nun genauso offen wie zuvor der von Herrn Holz. »*Wie* klingt das?«, frage ich im festen Glauben, mich verhört zu haben. »Na, *schwarz*«, wiederholt Altmann unbedarft und lächelt mich arglos an. »Wie schätzen Sie Latoyas Leistungsstand ein?«, erkundigt er sich in der nächsten Sekunde.

Ich drehe den Kopf zu Herrn Holz, aber seinem unbewegten Mona-Lisa-Lächeln zufolge findet er Altmanns Kommentar genauso normal wie der promovierte Pädagoge selbst. Konsterniert stammle ich ein paar Sätze über Latoyas Stärken und Schwächen zusammen, die Altmann aus mir nach wie vor unerfindlichen Gründen stichpunktartig notiert.

»Fein, vielen Dank«, sagt er anschließend und fährt mit dem Stift die Liste entlang zum nachfolgenden Namen: »Angelija Stojka«, entziffert er mühsam und fragt: »Ist das J im Vornamen ein Rechtschreibfehler?« – »Nein, im slawischen Raum ist diese Schreibweise nichts Ungewöhnliches«, erkläre ich. Herr Holz trägt nun auch etwas zum Gespräch bei: »Dr. Altmann, Angelija ist die Schülerin, für die Frau Strofe um Einzelförderungsstunden gebeten hat.« – »Ach ja!« Unser Direktor kann sich offensichtlich erinnern. »Das ist dieses Roma-Mädchen, nicht wahr?«, hakt er freundlich noch mal nach, woraufhin Herr Holz bestätigend nickt. Altmann seufzt versonnen. »Jaja, die Roma-Kinder sind immer schwierig«, sagt er nachsichtig mit gütiger Großvatermiene und bittet mich erneut um eine fachliche Beurteilung.

Ich atme ein paar Mal tief durch und tue dann wie mir geheißen. Noch währenddessen verkündet die Glocke das Ende der unrühmlichen Veranstaltung. Altmann wirft der Wanduhr einen vorwurfsvollen Blick zu. »Kinder, wie die Zeit vergeht!«, merkt er versonnen an und informiert mich darüber, dass er bald wegen eines weiteren Termins zum Thema auf mich zukommen wird. Dann entlässt er mich, leider nicht aus meinem Job, sondern bloß in die Pause. Aber Hauptsache raus hier, und so schnappe ich mir meine Tasche und flüchte vor weiteren peinlichen Momenten aus dem Büro in den Schulkorridor.

*Warum ich Dr. Altmann nicht direkt mit seinen Aussagen konfrontiert habe? Erstens war ich, gewiss auch aus Schockstarre heraus, überfordert. Und zweitens steckt in Altmann kein Rassist, auch wenn er sich mit seinem Geschwafel so anhört. Unser Direktor ist ein lieber, alter Herr, so wie ich und vielleicht auch Sie ihn in der Familie haben. Sie wissen schon: Ich meine den einen aus der Zeit gefallenen Opi, der bei der Familienfeier ohne böse Gedanken vor versammelter Runde erzählt: »Gestern Abend habe ich übrigens einen sehr interessanten Dokumentarfilm über Neger gesehen.« Wir wissen dann: Er* **meint** *Afrikaner*innen, aber er kann mit den moralischen und daraus resultierenden sprachlichen Entwicklungen unserer Gesellschaft nicht Schritt halten.*

*Opi nennt die aus der Südsee stammende hübsche Supermarktverkäuferin »exotisch« und wundert sich über die entrüstete Reaktion auf sein nett gemeintes Kompliment ebenso sehr wie darüber, dass er in seinem Lieblingsrestaurant kein »Zigeunerschnitzel« mehr bestellen darf. Alter schützt vor Torheit nicht – im Gegenteil: Die Torheit ist im Alter nur noch schwer auszumerzen. So ist es auch bei Altmann. Klar ist der betagte Herr falsch auf seinem Posten, aber nicht, weil er rassistisch ist, sondern schlichtweg zu alt. Natürlich muss jeder Mensch Rassismus entschieden entgegentreten – aber meiner bescheidenen Meinung nach sollten wir damit bei der »Jungen Alternative« und nicht im Seniorenheim anfangen.*

Wie ich erwartet habe, zitiert mich Altmann in den folgenden Wochen nicht noch mal zum Gespräch. Keine Ahnung, ob er es einfach vergessen hat, mit der Liste überfordert war oder die Sinnlosigkeit des Unterfangens eingesehen hat. Vielleicht hat er auch zu viel anderes um die Ohren, zum Beispiel mit der neuen Bestellung von Can: Was dessen Hospitation meiner wenig arbeitsamen Arbeitsgemeinschaft betrifft, war mir das Glück ausnahmsweise hold.

Das kann Can nicht von sich behaupten, denn die gelieferten Bälle waren zwei Wochen lang nirgends auffindbar. Die Unterschrift auf dem Lieferbeleg, die eine erfolgte Zustellung beweist, war keinem Kollegen zuzuordnen. Erst nach 14-tägiger Suche in der Nachbarschaft stellte sich zufällig heraus, dass die Bälle vom Pförtner einer benachbarten Fabrik angenommen wurden, weil die Schule bei Lieferung bereits geschlossen war. Der Angstschweiß, der mir angesichts der nun drohenden Visite von Can den Rücken herabrann, trocknete schnell wieder, denn jetzt fehlte ja wiederum der Kompressor, um die Bälle aufzupumpen.

Bis Cans Bestellung eines neuen Druckluftgeräts von der Schulleitung aufgegeben wird, fließt erfahrungsgemäß noch viel Wasser die Spree herunter, und bis dahin bin ich hoffentlich schon über alle Berge oder immerhin Lehrerin an einer anderen Schule.

Es ist mir ein Rätsel, warum sich die Kaspar-Hauser-Grundschule sogar bei simplen Tätigkeiten wie einem Bestellvorgang schwertut und damit auch uns Lehrern das Leben oder wie aktuell das Unterrichten schwer macht. Schon kurz nach Ferienende ist der Toner in unseren beiden Kopierern zur Neige gegangen. Selbstverständlich war im Sekretariat keine Reserve aufzutreiben, sodass neue Kartuschen geordert werden mussten. Oder *müssen*, denn keiner weiß, ob die Lieferung tatsächlich schon in Auftrag gegeben wurde. Die Farbe in den Kopierern ist jetzt seit drei Wochen leer, bald stehen bereits die nächsten Ferien an. Ein paar Tage, nachdem die Geräte nur noch unlesbar blass bedruckte Blätter auskeuchten, hing ein Zettel daran: »Neuer Toner kommt am Freitag!« Irgendwann fragte handschriftlich jemand darunter: »An welchem?« Die Antwort darauf bleibt der Adressat uns bis dato ebenso schuldig wie den frischen Toner.

Die Schüler müssen nun wie anno dazumal Schaubilder und Merksätze zuhauf von der Tafel abschreiben. Weil sie dabei extrem langsam sind, findet in Stunden, in denen nicht mit einem Buch gearbeitet wird, eigentlich gar kein Unterricht mehr statt. Die 5f braucht jede einzelne der 45 Minuten Schulstunde, um ein paar Zeilen über »Aufbau und Inhalt einer Personenbeschreibung« von der Tafel ins Schreibheft zu übertragen. Nachfragen oder Übungen zum Thema werden vertagt.

Ähnlich wie derzeit in der *Kaspar Hauser* muss es in mittelalterlichen Klosterschreibstuben ausgesehen haben, als die Mönche von morgens bis abends handschriftliche Kopien biblischer Texte anfertigten. Im Gegensatz zu vielen Klosterbrüdern haben unsere Schüler aber bedauerlicherweise kein Schweigegelübde abgelegt, daher widmen sie sich nicht in stiller Konzentration ihrem Tagwerk, sondern schimpfen wie die Kesselflicker über die anstrengende, monotone und ziemlich sinnbefreite Arbeit.

Ihren Ärger kann ich nachvollziehen, habe ich mich doch wegen ähnlicher Gründe für einen Schulwechsel entschieden. Ob ich das so in einem Einstellungsgespräch sagen kann? Darüber kann ich mir in der Tat konkrete Gedanken machen, denn endlich, endlich finde ich in meinem Mailpostfach eine Einladung zu einem Vorstellungstermin an einem schnieken Oberstufenzentrum.

Als ich dort ein paar Tage später zur vereinbarten Uhrzeit aufschlage, bin ich so aufgeregt wie noch nie vor einem Bewerbungsgespräch. Ich fühle mich wie ein Häftling vor der Anhörung zu seinem Gnadengesuch. Entweder muss ich noch länger in der *Kaspar Hauser* absitzen oder aber darf mich über meine vorzeitige Entlassung freuen. Entsprechend anspruchslos zeige ich mich bei der Unterhaltung mit der Direktorin Frau Hansen und muss dafür nicht mal lügen. Auf ihre Frage hin, welche Erwartungen ich an meine neue Schule hätte, antworte ich wahrheitsgemäß: »Ich wünsche mir einfach bloß einen Stundenplan, der wirklich eingehalten wird, und dass ich nicht nur als Vertretungslehrerin herhalten muss.«

Die Schulleiterin lässt den Stift wieder sinken, mit dem sie sich offenbar gerade all meine Forderungen notieren wollte, und sieht mich mitfühlend an. »Wo haben Sie denn bisher gearbeitet?«, erkundigt sie sich mit großen Augen. »An der Kaspar-Hauser-Grundschule«, informiere ich sie. »Meine Güte«, sagt Frau Hansen tonlos. »Also, Frau Strofe: Ihre bescheidenen Wünsche können wir erfüllen, das garantiere ich Ihnen.« Dann fügt sie die erlösenden Worte hinzu: »Ich würde mich freuen, Sie zum nächsten Schuljahr im Sommer als neue Kollegin bei uns begrüßen zu dürfen!«

Mein Herz macht einen Freudensprung, und ich schüttle die dargebotene Hand der Direktorin so eifrig wie einen Cocktailshaker. Wir vereinbaren, dass Frau Hansen sich zeitnah mit der Personalstelle in Verbindung setzt, um den Vorgang anzuschieben und ich schnellstmöglich meinen Umsetzungsantrag bei Altmann einreiche. »Sie wissen ja, dass Ihr aktueller Schulleiter der Umsetzung zustimmen muss, damit Sie an unsere Schule wechseln können, oder?«, fragt sie über den Rand ihrer Brille hinweg. Ich mache eine wegwerfende Handbewegung und mutiere vom Gnadenersuchenden wieder zum Großmaul: »Das wird kein Problem«, versichere ich ihr, »Dr. Altmann kann *niemandem* etwas abschlagen.«

Freudestrahlend verabschiede ich mich nach Hause, wo Tino schon neugierig auf mich wartet und wir uns zur Feier des Tages den Kaffee in unserem Likörkaffee schenken.

Nach einem feuchtfröhlichen Abend stehe ich gleich am nächsten Tag in der Hofpause mit meinem ausgefüllten Antrag bei Altmann auf der Matte. Als ich mich ihm an seinem Schreibtisch gegenübersetze und das Formular zu ihm hinüberschiebe, verfliegt das Lächeln in seinem Gesicht. »Oh, Sie wollen uns verlassen?«, fragt er ehrlich betroffen und weckt damit sofort mein Mitleid für ihn.

Beim Anblick seines enttäuschten Gesichts komme ich mir vor, als hätte ich meinem einsamen Großvater einen Tag vor Weihnachten gesagt, dass ich ihn an Heiligabend nicht besuchen werde und er das Fest allein feiern muss. Spontan rücke ich von meinem Vorhaben ab, Altmann im Zuge meines Umsetzungsantrags die Meinung zu geigen, und greife stattdessen zu einer Notlüge: »Ich habe zufällig die Möglichkeit erhalten, an meiner alten Berufsschule zu arbeiten, die ich während meiner Ausbildung besucht habe. Schon damals hat mir die Schule so gut gefallen, dass es zu meinem Traum wurde, dort eines Tages selbst zu unterrichten.«

Des Direktors Miene hellt sich wieder auf. »Ach so, das verstehe ich natürlich«, sagt er milde, doch sogleich verdunkelt sich sein Gesicht aufs Neue, als er anfügt: »Leider sind Sie derzeit nicht die Einzige, die unverhofft eine lang ersehnte Chance wahrnehmen könnte, Frau Strafe. Genau gesagt haben zehn

Kollegen in den vergangenen Wochen einen Umsetzungsantrag eingereicht. Wenn ich die alle bewillige, stehe ich im Sommer ohne Lehrer da.«

Ich kann es kaum fassen: *Zehn* Lehrer möchten der *Kaspar Hauser* den Rücken kehren, das ist fast ein Drittel des gesamten Kollegiums. Ob Altmann ernsthaft glaubt, dass wir alle bloß zufällig über unsere Traumjobs gestolpert sind und andernfalls liebend gern weiter an der *Kaspar Hauser* arbeiten würden? Egal, erst mal gilt es, trotz der ungünstigen Lage mein Anliegen durchzudrücken. »Sie lehnen doch meinen Antrag aber hoffentlich nicht deshalb ab, oder?«, frage ich unter Zuhilfenahme meines besten Dackelblicks.

Dr. Altmann atmet schwer aus und erwidert: »Ich möchte natürlich niemandem etwas abschlagen, aber unter diesen Umständen kann ich eben auch nichts bewilligen. Zuvor muss ich wissen, ob die Senatsverwaltung mir ausreichend Ersatzkräfte zur Verfügung stellt. So lange setze ich in keinem der Anträge bei ›Ja‹ oder ›Nein‹ ein Kreuzchen.» Da ich den Antrag und das damit zusammenhängende Prozedere daheim genau studiert habe, fällt mir zumindest eine Zwischenlösung ein. Ich lehne mich vor und tippe über den Tisch hinweg auf eines der Ankreuzfelder unten auf dem Blatt. »Hier steht ›Antrag bewilligt, wenn Ersatz vorhanden‹«, lese ich vor. »Das trifft ja zu, Sie müssen dort nur Ihren Haken machen.«

Altmann verschränkt die Arme vor der Brust und lässt sich tiefer in seinen Chefsessel sinken. »Nein, ich muss gar nichts«, sagt er trotzig und macht nun mehr den Eindruck eines undankbaren Kinds am Gabentisch als den eines einsamen Opas. Ich verschränke ebenfalls die Arme und gebe zurück: »Doch, Sie *müssen* jeden Umsetzungsantrag unverzüglich an die Senatsverwaltung weiterleiten, das ist Vorschrift.« – »Ich leite sie ja unverzüglich weiter«, erwidert Altmann heuchlerisch, »Bloß ohne Kreuzchen.« – »Wie soll ein Verwaltungsangestellter solche Anträge denn bearbeiten?«, presse ich zwischen den Zähnen hervor. Schulterzucken vom gut besoldeten Direktor.

Habe ich den Alten etwa unterschätzt? Wortlos steht Altmann auf und blickt mich auffordernd an, es ihm gleichzutun. Die Unterhaltung ist beendet. Ich verlasse das Büro und suche mir einen leeren Klassenraum, von wo aus ich ungestört Frau Hansen anrufe. Im wahrsten Sinne des Wortes kreuzunglücklich schildere ich ihr die jüngsten Ereignisse. Sie bleibt cool und bittet mich um Altmanns Telefonnummer. »Oft hilft schon ein nettes Gespräch von Schulleiterin zu Schulleiter«, versucht sie mir Mut zu machen. Ich diktiere ihr die Durchwahl, und wir versprechen uns beieinander zu melden, sobald eine von uns etwas von der Senatsverwaltung hört.

Bitter enttäuscht schlurfe ich nach dem Telefonat zum Lehrerzimmer, um mich mit etwas Süßem zu trösten. Heute findet nämlich wieder ein Kuchenverkauf statt, mit dem jede Klasse turnusmäßig an der Reihe ist. Einige Eltern werden dann gebeten, eine Kleinigkeit zu backen, damit durch den Erlös die magere Klassenkasse für Ausflüge und Wandertage aufgebessert werden kann. Bevor die Kids ihre Kalorienbomben an einem kleinen Stand auf dem Hof verkaufen, werden sie im Lehrerzimmer vorgeschnitten und angerichtet, sodass wir Pauker uns die Sahnestücke sichern können, bevor die Kinder darüber herfallen.

Heute ist die 5d von Bine an der Reihe, die ich im Lehrerzimmer zwischen Servietten und Tortenhebern an ihrem Platz vorfinde. Statt einer Begrüßung rufe ich ihr schon von der Tür aus zu: »Schnell, ein Notfall! Ich brauche Kuchen!« Überraschenderweise stimmt Bine nicht in mein anschließendes Lachen ein, sondern hat nur ein müdes Lächeln für mich übrig. »Ich auch!«, ruft sie zurück. Auf meinen fragenden Blick hin präsentiert sie mir eine Plastikverpackung mit einem fertigen Tortenboden vom Discounter. Ein roter Aufkleber darauf weist ihn als echtes Schnäppchen aus: 50% reduziert. »Es hat leider mal wieder ein paar *Missverständnisse* bei den Eltern gegeben«, kommentiert Bine vielsagend. »Wo sind denn die restlichen Zutaten für den Kuchen?«, frage ich und sehe mich suchend auf dem Tisch um. »Das habe ich Kevin auch gefragt, als er mir das Ding vorhin in die Hand gedrückt hat. Er meinte, sein Vater habe gesagt, das sei gut genug für die Schule.« Ich stöhne laut auf, nicht nur, weil ich auf meinen Zuckerschock verzichten muss, sondern vor allem, weil Kevin senior seinem Stammhalter beibringt, dass die Schule keiner Mühe wert ist.

»Was hast du denn sonst noch im Angebot?«, will ich von Bine wissen, da stets mehrere Eltern pro Klasse als Laienbäcker eingesetzt werden. »Miri sollte noch Kuchen mitbringen, aber die fehlt heute«, erzählt Bine mit hochgezogenen Augenbrauen. »Ansonsten beschränkt sich die Ausbeute auf Baklava, die sind aber echt spitzenmäßig!« Sie zieht das Küchentuch von einem großen Backblech auf dem Tisch herunter, sodass ich die türkische Spezialität in Augenschein nehmen kann. Ihrer einladenden Geste folgend nehme ich mir ein Stück und kann Bines Urteil nach dem ersten Bissen bestätigen. »Sind aber leider trübe Aussichten für die Klassenkasse«, bemerke ich kauend, während der vom Gebäck gelockte Sören von seinem Tisch an unsere Seite tritt.

»Die wird doch eh geklaut«, sagt er trocken und greift auf das Backblech, da haut Bine ihm auf die Finger. »50 Cent das Stück, oder du gehst los und backst dir einfach 'ne schöne, deutsche Schwarzwälder Kirschtorte«, faucht meine Kollegin den Stau-Phobiker an. Der zieht schnell die Hand zurück und belässt es bei einem wütenden Blick auf Bine, bevor er wieder an seinen eigenen Platz verschwindet. Ich helfe Bine, Kuchen, Servietten und Klassenkasse (die bisher »nur« ein einziges Mal geklaut wurde) zu dem Stand mit den bereits wartenden kleinen Verkäufern zu tragen.

Dabei schütte ich ihr mein Herz aus und erzähle von dem Drama um den Umsetzungsantrag. Sie ist nicht nur verständnisvoll, sondern auch bestens im Bilde über Klatsch und Tratsch an der *Kaspar Hauser* und weiß schon über die vielen Wechselanträge Bescheid. Angeblich habe aber bisher keiner der Wechselwilligen schon Rückmeldung aus der Senatsverwaltung erhalten. »Ruf doch da an und geh denen ständig auf die Nerven«, empfiehlt Bine mir. »Wenn *ich* was will, dann kann ich richtig lästig werden. Man muss schon seinen Arsch bewegen, um was zu bekommen.«

Recht hat sie, denke ich, nachdem Frau Hansen mir schrieb, dass sie trotz vielfacher Versuche Altmann nicht ans Telefon bekommen konnte und ich zwei Wochen nach Einreichung meines Antrags noch keinerlei Rückmeldung aus der Senatsverwaltung bekommen habe – nicht mal eine automatisierte Standardmail, die über lange Bearbeitungszeiträume informiert. Also klemme ich mich an den Hörer und habe genau 16 Anrufe später »den Chef von dit Janze«, wie der Berliner sagt, am Apparat. Ich frage den hilfsbereiten Herrn nach dem Bearbeitungsstand meines Umsetzungsantrags, und er gesteht, sich noch nicht komplett durch den großen Stapel durchgeackert zu haben. Während unseres Telefonats findet er auf die Schnelle meine Unterlagen nicht und will mich vertrösten. Ich lasse nicht locker, bis er verspricht, sich zügig zu kümmern und Altmann zu melden, dass garantiert Ersatz für mich gestellt werden könnte.

Ein paar Stunden später habe ich plötzlich eine automatische Eingangsbestätigung für meinen Antrag im Posteingang, stolze 14 Tage nach Einreichung. Altmann wird den Antrag doch wohl nicht erst »unverzüglich« *nach* dem Anruf von oben weitergereicht haben, oder …? Egal, Hauptsache der erste Schritt weg von der Kaspar-Hauser-Grundschule ist getan. Nun kann ich mich bloß noch in Geduld üben und darin, den Kindern viel zu gute Zeugnisnoten auszustellen, denn es trennen mich nur noch der Elternsprechabend und die morgige Zeugnisausgabe vom Halbjahresende und den damit verbundenen Ferien.

Bezüglich des Abends stellen sich meine Erwartungen wie gewöhnlich als falsch heraus. Ich freute mich vorab auf die Gelegenheit, endlich mal von Angesicht zu Angesicht Tacheles mit den Eltern meiner Schüler zu reden und ein paar ernste Gespräche zu führen. Doch exakt *die* Eltern, mit denen ich mich unbedingt über ihre Kinder unterhalten wollte, schwänzen die Veranstaltung. Vor mir sitzen ausschließlich Mütter und Väter von unkomplizierten Kids mit guten Zensuren und laben sich an den Lobpreisungen auf ihren wohlgeratenen Nachwuchs.

Wie genervt ich davon bin, lasse ich leider an Malinas Vater aus, der als letzter Termin des Tages auf meiner Liste steht. Gerade erst hat er sich mir höflich lächelnd gegenübergesetzt, da übe ich mich mit betontem Blick auf meinen Tagesplan auch schon in Sarkasmus: »Ah ja, Herr Frauenstedt darf auf meiner Liste überflüssiger Besucher natürlich nicht fehlen«, sage ich säuerlich und schaue von meinem Blatt hoch in das verunsicherte Vatergesicht. Ich besinne mich und rudere zurück. »Tut mir leid, Herr Frauenstedt«, seufze ich verlegen, »ich freue mich natürlich, Sie zu sehen. Es ist bloß so, dass ich mit anderen Elternteilen, die heute allesamt nicht erschienen sind, dringenden Gesprächsbedarf gehabt hätte. Malinas Leistungen in Deutsch lassen sich in einem Wort zusammenfassen, wie Sie bestimmt auch an der Klassenarbeit erkennen konnten: tadellos. Da sehe ich gar keinen Anlass zu einer langen Unterhaltung zwischen uns.« Herr Frauenstedt nickt bedächtig und antwortet: »Dass Malina weiterhin so gut in der Schule ist, freut mich natürlich. Aber ich denke, dass ich auch als Vater einer tadellosen Schülerin die Möglichkeit zu einem Gespräch mit den Lehrern verdiene.« Ich werde knallrot. »Da haben Sie völlig recht, bitte entschuldigen Sie noch einmal«, gebe ich kleinlaut zurück, aber Malinas Papa ist noch nicht fertig mit mir: »Meine Tochter fühlt sich übrigens oft ähnlich übergangen wie ich jetzt gerade. Es scheint, als ob die Lehrer ihre Aufmerksamkeit ausschließlich weniger leistungsstarken und frechen Kindern widmen. Malina erzählt zu Hause, dass sie im Unterricht Aufgaben oft schnell erledigt hat und sich dann langweilt oder ewig warten muss, bis ein Lehrer nach ihrer Meldung an ihren Tisch kommt.« Diesen Eindruck muss ich unglücklicherweise bestätigen. »Es ist richtig, dass die Schüler mit hohem Unterstützungsbedarf mehr Zuwendung bekommen, das ergibt sich automatisch. Ich bedauere diesen Umstand genauso wie Malina und Sie, aber sehe in Anbetracht der vielen Baustellen in der Klasse leider keine Option, aus diesem Teufelskreis auszubrechen, wenn ich ehrlich bin«, gestehe ich. Herr Frauenstedt ist mit meiner Antwort natürlich unzufrieden. »Es kann doch nicht angehen, dass die guten Schüler an dieser Schule für ihren Lerneifer bestraft werden, indem sie links liegen gelassen werden.« – »Selbstverständlich sollte das nicht vorkommen,«, stimme ich ihm zu, »aber es ist leider so. Gauben Sie mir bitte, dass ich mir meine Arbeit an der *Kaspar Hauser* auch anders vorgestellt habe.« In die nun entstandene Pause hinein frage ich: »Weshalb haben Sie Malina eigentlich nicht nach der vierten Klasse aufs Gymnasium geschickt?« – »Meine Frau und ich haben Malina natürlich den Wechsel ans Gymnasium angeboten, aber unsere Tochter wollte das nicht. Sie hängt doch so sehr an ihren Klassenkameraden«, informiert er mich. Ich wiege abwägend den Kopf hin und her und sage: »Es ist verständlich, dass Sie Malinas Wünschen nachkommen möchten. Aber die meisten Kinder wollen in ihrer vertrauten Umgebung bleiben und haben Bammel vor Veränderungen. Der Mensch ist ein Gewohnheitstier, das gilt auch schon für die Kleinen.« Mit einem schiefen Lächeln schiebe ich vorsichtig nach: »Vielleicht hätten Sie sich in diesem Punkt über Malinas Bedenken hinwegsetzen und sie trotzdem auf Gymnasium schicken sollen …« Ungeahnt bringe ich Herrn Frauenstedt damit auf die Palme, der mir nun entgegenschleudert: »Jetzt bin *ich* also schuld daran, dass meine Tochter kaum gefördert wird, weil ich sie nicht frühzeitig gegen ihren Willen von der Schule heruntergenommen habe?!« Was soll ich darauf erwidern? Meine ehrliche Antwort auf diese Frage wäre Ja. Das käme für die *Kaspar Hauser* jedoch einer Bankrotterklärung gleich, die ich als hier angestellte Lehrerin nicht offen aussprechen kann. Zumal es natürlich nicht die Lösung sein darf, allen engagierten Schülern das Verlassen dieser Schule ans Herz zu legen, weil das hiesige Leistungsniveau damit endgültig im freien Fall wäre. »Nein, Sie tragen selbstverständlich keine Schuld an den Herausforderungen, mit denen die *Kaspar Hauser* konfrontiert ist«, sage ich also matt. »Das will ich auch meinen!«, untermauert Malinas Vater seine Position und erhebt sich von dem für ihn viel zu kleinen Stuhl. »Machen Sie doch einfach mal Ihren Job und unterrichten Sie Malina anständig, anstatt mir in meine Erziehung hineinzureden.« Mit einem knappen Gruß entschwindet er aus der Tür und entlässt mich damit in den Feierabend.

KAPITEL 11

# QUERE EINSTEIGER UND GERADE AUSSTEIGER

Nach den Winterferien tauchen zur allgemeinen Überraschung wirklich drei der vier von Sohni Altmann bei seiner denkwürdigen Weihnachtsansprache in Aussicht gestellten Neukollegen bei uns auf. Angesichts der Verhältnisse an Berliner Grundschulen sind die Frischlinge »natürlich« keine studierten Lehrer, sondern Quereinsteiger. Grundsätzlich spricht meiner Meinung nach nichts dagegen, Nichtpädagogen auf Schüler loszulassen. Warum sollten sie nicht trotzdem einen guten Draht zu den Kids aufbauen und guten Unterricht halten können? Leidenschaftliche Autodidakten müssen Profis in nichts nachstehen, besonders wenn die Profis so miserabel ausgebildet werden wie wir Lehrer.

Allerdings gibt es geeignetere Orte als die *Kaspar Hauser*, um lehrwilligen Laien den Job schmackhaft zu machen. Vom Praxisschock umgehauen, fällt bereits nach wenigen Wochen die erste Anwärterin Inga dauerhaft krank aus – für die vormals selbstständige Lektorin, die jetzt, O-Ton: »mit Mitte 50 doch noch etwas in die Rentenkasse einzahlen« wollte, darf *ich* dann wiederum den Vertretungsunterricht stemmen.

Ich fürchte, sie ist mit den falschen Motiven ins Lehrerdasein gestartet und wie so viele andere den Märchen von einem Beruf voller Ferien und freier Nachmittage aufgesessen. Nora hat einen längeren Atem als Inga. Die Enddreißigerin ist studierte

Germanistin und konnte damit beruflich nirgends Fuß fassen. Sie gibt sich große Mühe beim Unterrichten. Leider wollte sie zunächst nicht einsehen, dass sie ihre Unterrichtsinhalte auf das Allereinfachste herunterbrechen muss, um bei den Schülern ein Bein auf den Boden zu bekommen. Ich mache Nora daraus gar keinen Vorwurf, war ich doch selbst bass erstaunt darüber, wie sehr die Kids oft auf der Leitung stehen. Aber mit ihrem ausgeteilten Fachtext über »soziologische Kommunikationstheorien« hat sie in der 5a echt nach den Sternen gegriffen. Nachdem ihr die Klasse im Gegenzug die Stunde komplett gesprengt hat und Nora sich nachmittags mit Verdacht auf einen Hörsturz beim Arzt wiederfand, hat sie offenbar eine Schocktherapie durchlaufen und arbeitet seither oft mit Bildergeschichten und Mandalas. Sie sieht müde aus.

Der Letzte im Bunde ist Yahya, der in seinem Heimatland Tunesien Germanistik studiert hat und erst seit Kurzem in Deutschland lebt, um als Lehrer im Quereinstieg zu arbeiten. Aufgrund seiner Herkunft und seiner kräftigen Statur habe ich ihm anfänglich gute Chancen bei uns eingeräumt. Doch es nützt das beste Vorurteil nichts, wenn es sich partout nicht bewahrheiten will. Yahya geht, es ist leider so, in jeder einzelnen Unterrichtsstunde sang- und klanglos unter. Die Schüler zeigen sich bei ihm von ihrer schlimmsten Seite, und selbst verfeindete Lager in den Klassen halten plötzlich wie Pech und Schwefel zusammen, um Yahya gemeinsam das Leben schwer zu machen. Besonders gern ziehen sie den unbescholtenen, höflichen 45-Jährigen mit dessen Akzent auf.

Das ist nicht nur hundsgemein, sondern auch verwunderlich, weil viele Kinder und erst recht ihre Eltern selbst nicht akzentfrei deutsch sprechen. Dass Yahya dessen ungeachtet weiterhin

Tag für Tag in der Schule pflichtschuldig seinen Dienst antritt, bewundere ich. Vielleicht sollte ich Nora und ihm heimlich als kleinen Denkanstoß einen Umsetzungsantrag ins Fach legen, um der Zivilcourage willen.

*Mein* Antrag zumindest zahlt sich tatsächlich aus: Anfang März erhalte ich Bescheid, dass mein Gnadengesuch bewilligt wurde. Euphorisch organisiere ich eine große Party für Freunde und Bekannte. Insgeheim weiß ich, dass ich mich mit meiner übertrieben zur Schau gestellten Freude bloß von meiner Unzufriedenheit mit mir und meinem schlechten Gewissen den Kindern gegenüber abzulenken versuche. Ich habe den Eindruck, als Lehrerin auf ganzer Linie versagt zu haben. Dass viele meiner Kollegen die gleichen Probleme mit den Kids haben wie ich und unsere miese Lage vor allem den noch mieseren Umständen an der *Kaspar Hauser* geschuldet ist, kann mein eingeebnetes Selbstbewusstsein nicht wieder aufbauen. Und dass *ich* bald das Weite suchen darf, während die *Kinder* noch jahrelang als Gefangene in dieser failed school einsitzen müssen, weckt Schuldgefühle in mir.

Daran ändert auch der Umstand nichts, dass die Kids ungeplant Hafturlaub bekommen, weil auf einem Wochenmarkt am anderen Ende der Welt wohl die falschen Tiere nebeneinander in ihren Käfigen hockten und infolgedessen ein neues Virus das menschliche Leben lahmlegte. Aber die vermeintlichen »Corona-Ferien«, über die die Kinder sich anfänglich noch gefreut haben, sind insbesondere für Schüler wie unsere eine Katastrophe. In beengten Wohnverhältnissen, ohne technische Ausstattung, mit vielen Geschwistern und wenig Geld, lernt es sich schlecht. Wie die Schulleitung der *Kaspar Hauser* auf die coronabedingte Schulschließung reagiert? Wie das Reh im Lichtkegel.

Die Schockstarre ist angesichts fehlender Vorgaben von oben aber kein Wunder, zumal Online-Lernplattformen für die meisten Kinder im Grundschulalter zu komplex zu bedienen sind. Unsere Klassenlehrer legen sich dafür umso mehr ins Zeug.

Sie fahren Unterrichtsmaterial kurzerhand durch die ausgestorbenen Straßen zu ihren Schülern nach Hause, wo sie es mit Maske und Handschuhen auf dem Treppenabsatz ablegen und den Kindern vom Parkplatz aus beruhigende Worte durchs geöffnete Fenster zurufen.

Sie sitzen bis Mitternacht am PC, um sich Material auszudenken, das irgendwie ihre mündliche Erklärung ersetzen kann. Sie rufen bei ihren Schülern daheim an und üben am Telefon die Verlängerungsprobe, um herauszufinden, ob »Urlaub« mit -b oder -p am Ende geschrieben wird. Sie besorgen bei der Senatsverwaltung iPads für Kinder, die keinen Computer in der Familie haben.

Ich entdecke, dass die meisten Lehrer, die an der Kaspar-Hauser-Grundschule im »Normalbetrieb« so kraft- und lustlos daherkommen, eigentlich Herzblutpädagogen sind. Vielleicht entdecken sie es sogar selbst gerade erst wieder. Der Schulalltag mit seinen zahlreichen, zahlreichen Problemen hat sie innerlich ergrauen lassen. Jetzt, wo die verängstigten Kinder, die nun doch schnell wieder zurück in die Schule und in die Normalität wollen, sie am dringendsten brauchen, blühen viele Kollegen auf. Schade, dass die vielen Kommentarschreiber im Netz davon nichts mitbekommen, welche die Lehrerschaft – Überraschung! – auch in Coronazeiten als faule Säcke hinstellen.

Aber zugegeben: Ich bin erleichtert darüber, vorerst nicht mehr in die *Kaspar Hauser* zu müssen. Zuletzt bin ich morgens nur noch mit unguten Gefühlen in die Schule und aus der Schule gekommen. Ich sehe mich während des Lockdowns als Lehrerin in der unverschämt komfortablen Position, keine Angst vor Jobverlust oder Pleite haben zu müssen, und darf mir deshalb solche Gedanken erlauben. Ich darf durchatmen, während der Rest der Welt im Angesicht der Pandemie die Luft anhält.

So unendlich lang die Schulschließungen auch angedauert haben – urplötzlich stehen die Sommerferien vor der Tür, und die vergangenen Monate erscheinen mir wie ein Wimpernschlag. Eine Kollegin mailt Einladungen zu einer Abschiedsfeier auf Abstand im Anschluss an den letzten Schultag auf dem Hof. Die Antwort schiebe ich vor mir her, noch immer plagen mich Schuld- und Schamgefühle, weil ich die Schule wechsle.

Meine Befangenheit hemmt meine Entscheidungsfähigkeit, und ich sage erst auf Zureden von Tino und Freunden hin zu. Dafür bin ich ihnen dankbar, obgleich sich keine ihrer optimistischen Prognosen bezüglich der Feier bewahrheitet hat. Wir sprechen hier eben noch immer von der *Kaspar Hauser*, und aus einem Esel macht auch Corona kein Rennpferd.

Der leere Hof, über den ich zum Treffpunkt an der Tischtennisplatte gehe, kommt mir so fremd vor als sähe ich ihn zum ersten Mal. Ich habe viel Abstand zur *Kaspar Hauser* gewonnen während des wochenlangen Daheimbleibens und bin damit nicht allein. Viele Kollegen, die so wie ich die Schule verlassen, stehen etwas verloren herum und machen einen verlegenen Eindruck. Letztendlich wurden alle zehn Umsetzungsanträge bewilligt, auch weil einige Lehrer bereits mehrere erfolglose gestellt hatten und eine Ablehnung durch die Obrigkeit nun endlich unmöglich war. Was für uns Abgänger Grund zur Freude ist, ruft beim übrig gebliebenen Kollegium keine Feierlaune hervor. Das Loch, das wir im Kollegium hinterlassen, wird gänzlich mit Quereinsteigern gestopft werden.

Ich schnappe Gesprächsfetzen auf, in denen sich die Kollegen schon jetzt um einen hohen Krankenstand unter den Neuen sorgen und die Mehrarbeit fürchten, welche die Unerfahrenen logischerweise mit sich bringen. Die Lehrer an der Kaspar-Hauser-Grundschule und an zahllosen anderen Schulen müssen nicht mehr nur den Nachwuchs anderer Eltern großziehen, sondern auch ihre eigenen beruflichen Nachkommen. Anders ausgedrückt: Die Stimmung an unserer Party-Tischtennisplatte ist bescheiden, obwohl die meisten sich um eine heitere Miene bemühen. Mit Ausnahme von Altmann, der sich die Sache mit verschränkten Armen aus einiger Entfernung heraus beschaut. Ich denke mir nichts dabei. Die vergangenen Wochen waren für den ohnehin glücklosen Schulleiter mit Sicherheit nicht einfach, und physisches Abstandhalten wird im Jahr 2020 nicht mehr automatisch mit einer innerlichen Distanz zum Geschehen verbunden. Eine Zeit lang hangle ich mich von Small Talk zu Small Talk. Das bestimmende Thema ist ein nasser Fleck auf dem Schulhofboden, Folge eines Zusammentreffens der sechsjährigen Anna mit Frau D. Die Kinder durften zur Zeugnisausgabe ausnahmsweise für ein paar Minuten in die Schule kommen, aber natürlich nur mit Maske und Abstand. Die Erstklässlerin läuft gerade auf den Altbau zu, ihr war die Maske unter die Nase gerutscht. Frau D. querte zufällig ihren Weg und machte das Mädchen dafür zur Schnecke, bis sich eine Pfütze zwischen seinen Beinen ausbreitete. Wohl Frau D.s Art und Weise, ihr Revier zu markieren, denke ich.

Dann vertieft sich das Gespräch mit einer Kollegin, die an ein Gymnasium wechselt. Ich vermute, dass es sich bei meiner Gesprächspartnerin um Frau Weihe handelt, die nun neben ihren Ohrenschützern und der nachtschwarzen Sonnenbrille zusätzlich mit einem Mundschutz ausgerüstet ist, sodass nun nicht mal mehr ein FBI-Profiler für eine sichere Identitätsfeststellung garantieren könnte. So oder so führe ich eine nette Unterhaltung mit der Vermummten, die sich, wie ich gut nachvollziehen kann, von ihrem Wechsel ans Gymi Entlastung erhofft. Auch Sören wird im neuen Schuljahr nicht mehr an die Kaspar-Hauser-Grundschule zurückkehren. Anders als die mutmaßliche Frau Weihe hat er das Hoffen auf eine bessere Wirkungsstätte jedoch aufgegeben und heuert erneut bei einer dysfunktionalen Grundschule an. »Das wird insgesamt der gleiche Scheiß wie jetzt, aber mit deutlich kürzerem Fahrtweg«, höre ich ihn im Vorbeigehen Herrn Holz informieren und mache einen größeren Bogen um die beiden, als Corona bedingt.

Bine schwirrt mit Roya im Schlepptau auf mich zu, beide umfassen als Umarmungsersatz mit den Händen die Luft vor sich. »Es ist genau richtig, dass du gehst«, sagt Bine mit fester Stimme, als sie mein betretenes Gesicht bemerkt. »Du wurdest hier bloß verheizt.« Ich wackle wenig überzeugt mit dem Kopf und frage: »Warum seid *ihr* dann noch hier? Die Umstände sind ja für *alle* übel, oder?« Roya lächelt mich entschuldigend an und antwortet: »Ich *liebe* meine Kids. Meine Gefühle für sie halten mich hier quasi gefangen. Ähnlich wie bei Mutterliebe. Aber weil die eben sehr groß ist, komme ich trotz allem gerne zur Arbeit.« Bine nickt und ergänzt: »Außerdem sehen wir als Klassenlehrerinnen unsere Schüler regelmäßig jeden Tag. Wir können dadurch besser Regeln etablieren und ein persönliches Verhältnis zu den Kindern aufbauen. Das sorgt für Ruhe.« Ich umarme meine Kolleginnen in einer Geste zurück und drehe mich synchron mit ihnen nach einem kreischenden Mikrofongeräusch um. Frau Fischer hat ein Standmikro vor sich aufgebaut und nestelt nervös daran herum. Neben ihr auf der Platte liegt ein großer, brauner Karton.

Altmann steht weiterhin da wie ein Arbeiterdenkmal, er überlässt seiner sichtlich gestressten Untergebenen die Abschiedsrede. Von Frau Fischers Worten kommt bei mir nicht viel an. Ich bin abgelenkt, weil ich mich staunend in der Runde umschaue und nicht fassen kann, dass ein ganzes Jahr vergangen ist, seit ich hier an der Kaspar-Hauser-Grundschule in mein Berufsleben eingestiegen bin. Erst als Frau Fischer sich dem Karton zuwendet, hat sie wieder meine Aufmerksamkeit. »Tja, und man sagt ja ›was lange währt, währt gut‹, also …«, erhöht sie den Spannungsbogen und hebt den Deckel an. Die Seiten der unteren Kartonhälfte klappen auseinander und geben den Blick frei auf zehn … Kakteen. Nicht nur irgendwelche Miniaturausgaben, sondern etwa 20 Zentimeter große Kaventsmänner mit imposant langen Stacheln.

Mir fallen fast die Augen aus dem Kopf, mein ungläubiger Blick trifft Bines, die mir pantomimisch zu verstehen gibt, dass sie Hintergrundinfos über die dornige Dreingabe hat und sie später mit mir teilt. Nacheinander werden wir Abtrünnigen nun von Frau Fischer aufgerufen und balancieren Sekunden später unter dem plätschernden Applaus des Kollegiums und Altmanns unbewegter Miene vorsichtig unser gefährliches Geschenk zur nächstbesten Abstellmöglichkeit.

Sobald alle Kakteen ihren neuen Besitzer gefunden haben, winke ich Bine zu mir herüber und verziehe mich mit ihr in eine stille Ecke des Schulhofs. Meine Noch-Kollegin kann mir meine Frage im Gesicht ablesen und kommt gleich zur Sache: »Keine schöne Bescherung, ich weiß. Die arme Frau Fischer kann aber nichts dafür, die musste bloß die Botin spielen. Ich war zufällig im Sekretariat, als sie mit Dr. Altmann eure Verabschiedung besprochen hat. Frau Fischer ist automatisch von einem klassischen Präsent ausgegangen und hat unseren Chef um Geld aus der Kasse für Blumensträuße gebeten. Aber Altmann hat inzwischen durch den Buschfunk spitzgekriegt, dass eure Umsetzungsanträge nicht ›einmaligen Gelegenheiten‹ geschuldet sind, sondern die Schulwechsel selbst die einmalige Gelegenheit zum Abhauen von der *Kaspar Hauser* waren … Er ist schwer gekränkt, weil die meisten von euch die Schule so missmutig und enttäuscht verlassen. Also hat er Frau Fischers Bitte mit der Begründung eine Absage erteilt, es gäbe im Schrank nicht genug Vasen für zehn Blumensträuße.

Sie schlug vor, für ein paar Euro einfach noch einige weitere Vasen zu kaufen, wenn sie wegen eurer Blumen ohnehin schon unterwegs ist. Da ist Altmann dann mit seinen wahren Motiven rausgerückt und äußerte schnippisch seine Befürchtung, dass all die vermeintlich wutschnaubenden Wechselwilligen die Vasen vor lauter Ärger über die Kaspar-Hauser-Grundschule auf dem Boden zerdepperten.« – »So ein Blödsinn!«, werfe ich nun in der Tat wutschnaubend ein. »Klar«, stimmt Bine mir zu, »aber Altmann ist eine beleidigte Leberwurst, und so hat er Frau Fischer mit einem scheinheiligen Lächeln auf den Lippen aufgetragen, statt bunter Sträuße eine Palette Kakteen zu besorgen. Dabei hat er sich gleich noch darüber informiert, dass sie außerdem auch die Abschiedsrede für euch halten soll. Was blieb der Armen also anderes übrig?« – »Nichts, natürlich«, sage ich tonlos und entscheide mich dann dafür, mich nicht wie von Altmann gewünscht über die böse Geste zu ärgern, sondern der

Angelegenheit nach Francescas Vorbild etwas Positives abzuringen: »Ehrlich gesagt bin ich Altmann dankbar für das Danaergeschenk. Mein schlechtes Gewissen wegen meines Wechsels hat sich soeben nämlich schlagartig in Luft aufgelöst. Und der Kaktus bekommt einen Ehrenplatz auf meinem Schreibtisch, als Mahnmal dafür, dass ich nie wieder an einer Schule wie dieser und für Leute wie Altmann arbeiten will.« – »Gute Einstellung«, lobt Bine mich und fragt: »Wollen wir wieder zu den anderen rübergehen und noch ein Schlückchen trinken?« Ich lasse meinen Blick schweifen über den mir fremd gewordenen Hof hinüber zu den künftig in alle Winde verstreuten Kollegen, dem passiv-aggressiven Direktor und meinem abgestellten Kaktus, dessen Stacheln unheilvoll in der Sommersonne blitzen. Schließlich schüttle ich den Kopf. »Ich trinke gern ein andermal was mit dir, Bine«, sage ich. »Aber hier bin ich jetzt fertig.«

Ich drehe eine letzte kurze Abschiedsrunde, wobei ich Sören, Herrn Holz und Dr. Altmann, von dem ich noch immer gern wüsste, worin der eigentlich promoviert hat, ausspare. Dann verschwinde ich gemeinsam mit meiner neuen Zimmerpflanze zum Ausgang. Ich schließe das Schultor hinter mir und damit ein weiteres Kapitel in meinem Leben und zu guter Letzt auch dieses Buch.

KAPITEL 12

# UND WIE GEHT DIE GESCHICHTE WEITER?

Mein Therapeut pflegt zu sagen: »Prognosen sind immer schwierig, besonders wenn sie die Zukunft betreffen.« Aber wenigstens für den Moment kann ich erleichtert feststellen: Nach nur sechs Wochen an meiner neuen Schule fühle ich mich dort bereits sehr wohl. Lehrer und Schüler begegnen sich gegenseitig mit freundlichem Respekt. Es gibt klare Regeln, auf deren Einhaltung geachtet wird. Ich habe einen festen Stundenplan und musste bisher kein einziges Mal vertreten. Der Krankenstand ist niedrig, meine Kollegen sind entspannt und hilfsbereit.

Bine hat mir berichtet, dass an der *Kaspar Hauser* die zehn abgegangenen Lehrer durch fast ebenso viele Quereinsteiger ersetzt wurden. »Den meisten von denen geb ich zwei Wochen bis zum Nervenzusammenbruch«, erzählte sie mir nach den ersten Schultagen. Wenigstens konnte das Kollegium nach Sörens Schulwechsel dank der neuen Wackelkandidaten wieder das Wettbüro eröffnen. Von allen jüngst eingetroffenen Lehrern ist bloß Frau Grob von Beruf Lehrerin. Und ausgerechnet die macht es erst richtig schlimm: Bine beschreibt sie als ein charakterliches Abziehbild von Frau D. So hat Frau Grob sich schon am ersten Tag Feinde gemacht, als sie in der Pause mit einigen Kollegen im Lehrerzimmer saß. Roya war gerade in ein Gespräch vertieft und leerte nebenher die Spülmaschine. Nachdem sie ein paar Teller und Tassen vor sich auf die Arbeitsfläche gestellt hatte, schlug sie sich lachend gegen den Kopf. Sie hatte versehentlich schmutziges Geschirr ausgeräumt, das sie nun wieder in die Maschine einsortierte. Während die übrigen Kollegen mitlachten, hatte Frau Grob einen Hinweis für Roya parat. »Tja, weniger quatschen, mehr konzentrieren«, näselte die sympathische Teamverstärkung. Gut, dass sie damit bei Roya an der falschen Adresse gelandet war, denn die machte der Neuen sofort eine Ansage, dass solche Zickereien das Letzte sind, was an der *Kaspar Hauser* gebraucht wird, und sie sich nicht auf solche Spielchen einlässt. Nur ein paar Stunden später suchte Frau Grob, die übrigens in den letzten neun Jahren neunmal die Schule gewechselt hat, dann Streit mit Frau Kämpf. An dieser Stelle wage ich doch eine Prognose: Die vergleichsweise ruhigen Zeiten im Lehrerzimmer der *Kaspar Hauser* sind vorbei.

Und auch auf dem Schulhof, auf dem es eh noch nie ruhig zugegangen ist, hat sich die Lage zugespitzt. So hat sich im noch jungen Schuljahr bereits eine Fehde zwischen der 4c und der 4d entsponnen. Die Angelegenheit ist durchaus ernst zu nehmen, denn die Klassen haben sich schon zu einem Faustkampf in der großen Pause verabredet. Die erschrockenen Aufsichtslehrer sahen sich auf dem Hof plötzlich einer Massenschlägerei gegenüber, derer sie nur mit Mühe Herr werden konnten. Zu allem Überfluss fand die Keilerei an der *Kaspar Hauser* am Tag der offenen Tür statt. Die Eltern auf dem Schulgelände, die gekommen waren, um von der Schule ihrer Kinder einen Eindruck zu gewinnen, gewannen ihren Eindruck nun … Leider konnten Auslöser und Rädelsführer des archaischen Machtkampfs bislang nicht ermittelt werden, denn die Klassenlehrerin der 4d, die nach wie vor Frau D. ist, weigert sich beharrlich gegen jedes Gespräch über den Vorfall. Und kommt damit durch, weil Dr.

Altmann Frau D. nicht die Stirn bieten kann. Wie der große Streit zwischen den Kindern jetzt beigelegt werden soll? Das weiß derzeit niemand. Aber es gibt zumindest Anhaltspunkte dafür, wie die Idee für das groß angelegte Handgefecht entstanden ist. Dafür muss man nur einen Blick *vor* die Schule werfen.

Dort rumort es nämlich ebenfalls. Im morgendlichen Verkehrschaos verloren zwei Väter die Nerven, stiegen aus ihren festgefahrenen Autos und lieferten sich eine handfeste Schlägerei. Vom Straßenrand aus lernten Dutzende Kinder von den prügelnden Erwachsenen derweil eine Lektion in Konfliktlösungsstrategie.

Mit meinem Schulwechsel habe ich also alles richtig gemacht. Und ich hoffe, auch in puncto Lehrerausbildung und Arbeitsbedingungen an den Schulen wird endlich mal was richtig gemacht. Andernfalls wird wohl nicht nur der Lehrermangel größer, sondern vermutlich auch die Anzahl erfolgloser Schüler.

Studenten brauchen Praxis. Lehrer brauchen Respekt. Schüler brauchen kleinere Klassen und individuellere Förderung. Alle brauchen – so leid es mir tut – weniger Heterogenität in den Lerngruppen. Eltern brauchen Vertrauen in die Schule. Schule braucht Anerkennung.

KATHA STROFE, die ihren richtigen Namen nicht nennen darf, ist ausgebildete Lehrerin, Anfang 30 und lebt in Berlin. Sie hat zwar an der Kaspar-Hauser-Schule das Handtuch geworfen, unterrichtet an einer anderen Schule aber weiterhin, und das sehr gern.

Katha Strofe
LEAKS AUS DEM LEHRERZIMMER
*Mein Jahr als Lehrerin*
*an der Grundschule des Grauens*

ISBN 978-3-86265-828-2
 Titelbild: AdobeStock_280081854, Romolo Tavani; Vignette auf dem Titelbild und auf dieser Seite: AdobeStock_210688107, Elena.

VERLAG
Schwarzkopf & Schwarzkopf Verlag GmbH
Kastanienallee 32, 10435 Berlin

INTERNET | E-MAIL
www.schwarzkopf-schwarzkopf.de
www.facebook.com/schwarzkopfverlag
info@schwarzkopf-schwarzkopf.de